西部地区改革发展研究丛书

XIBU MINZU DIQU PINKUN CUIRUOXING DE JINRONG ZHILI YANJIU

西部民族地区贫困脆弱性的金融治理研究

张华泉 ◎ 著

西南财经大学出版社
Southwestern University of Finance & Economics Press
中国·成都

图书在版编目（CIP）数据

西部民族地区贫困脆弱性的金融治理研究/张华泉著．—成都：西南财经大学出版社，2018.7

ISBN 978－7－5504－3558－2

Ⅰ.①西…　Ⅱ.①张…　Ⅲ.①民族地区—扶贫—研究—西北地区②民族地区—扶贫—研究—西南地区　Ⅳ.①F124.7

中国版本图书馆 CIP 数据核字（2018）第 141394 号

西部民族地区贫困脆弱性的金融治理研究

XIBU MINZU DIQU PINKUN CUIRUOXING DE JINRONG ZHILI YANJIU

张华泉　著

责任编辑：冯雪
助理编辑：陈何真璐
封面设计：何东琳设计工作室　张姗姗
责任印制：朱曼丽

出版发行	西南财经大学出版社（四川省成都市光华村街 55 号）
网　　址	http://www.bookcj.com
电子邮件	bookcj@foxmail.com
邮政编码	610074
电　　话	028－87353785　87352368
照　　排	四川胜翔数码印务设计有限公司
印　　刷	郫县犀浦印刷厂
成品尺寸	170mm×240mm
印　　张	9.5
字　　数	175 千字
版　　次	2018 年 7 月第 1 版
印　　次	2018 年 7 月第 1 次印刷
书　　号	ISBN 978－7－5504－3558－2
定　　价	68.00 元

前言

经过多年多阶段的扶贫工作，我国反贫困斗争取得了非凡的成就。然而，我国民族地区尤其是西部民族地区反贫困形势却仍然异常严峻，传统意义上的经济性贫困问题现已转化为贫困者在自然灾害、价格波动、政策调整、疾病侵袭等多重风险作用下的艰难适应与脆弱性问题。贫困群体脆弱性已成为新时期制约西部民族地区可持续发展的瓶颈，已成为我国全面建成小康社会和“中国梦”圆的“重中之重”与“难中之难”。西部民族地区贫困脆弱性的缓解及治理状况如何，不仅直接关系到西部民族地区稳定脱贫、地区产业结构的调整和经济社会的可持续发展，而且在很大程度上影响、制约着西部地区经济跨越式发展以及各民族间的共同繁荣、共同进步和社会政治秩序的稳定。

改革开放以来，我国反贫困道路主要是由政府主导、政策推动进行，聚焦“贫困”表象和经济属性是西部民族地区扶贫的重要特点，它曾为西部民族地区的脱贫致富发挥了重要作用，但随着绝对贫困人口的大幅减少、贫困类型的变化及脱贫难度的增加，原有的反贫困治理模式显现出越来越明显的缺陷与弊端，尤其是以贫困人口缺乏自身可持续发展能力为主要特质的贫困脆弱性现象及单一的扶贫方式缺陷对西部民族地区反贫困的制约现象逐步凸显。无疑，基于脆弱性的视角拓展西部民族地区减贫手段和创新反贫困制度安排，以消减贫困的脆弱性为核心提升贫困治理绩效是摆在学术界及决策层面前的一个重要课题。

金融扶贫作为我国诸多减贫措施的重要手段之一，在当今高度货币化、信用化的市场经济社会中，其对贫困群体的自我发展能力的塑造、市场意识的培育、对贫困地区“输血”与自我“造血”能力的增强及各种风险防范的激励作用不言而喻。从最初的一般商业信贷到现阶段集保险、小微金融于一体的立体化减贫模式，金融发展对于民族地区贫困脆弱性缓解及治理的作用不可替代。但由于受到诸如区域经济发展水平、自然条件、人力资本等因素的影响，金融缓解及治理贫困脆弱性的绩效不尽相同，因此，理性看待金融发展对贫困脆弱性的缓解及治理作用，有助于通过构建以脆弱性消减为核心的西部民族地区金融减贫架构，为贫困脆弱性的终极治理贡献“金融”力量，并客观上为国家或地区就相关扶贫政策的拟定提供重要价值判断。

从理论视角看，金融发展与经济增长之间错综复杂的关系一直是学术界热议的话题。同时，金融在促进资本积累、分散风险、推动消费等方面的作用也较为突出。在贫困治理方面，早期的研究多集中于贫困弱势群体的赋权，公共产品、服务供给与需求的匹配，财政支出等领域，直至20世纪90年代初，金融对贫困的治理作用和减贫意义方才凸显。目前，学界关注的领域相应地集中在金融发展对贫困治理的影响机制上面，鲜有涉及贫困脆弱性金融治理的专门研究。为此，从金融减贫视角，深入分析西部民族地区贫困脆弱性的金融治理问题，有助于丰富金融深化理论及金融减贫理论。

基于以上对现实和现有理论的认识与思考，本书以西部民族地区贫困脆弱性为研究对象，以贫困脆弱性的金融治理为研究主题，以金融发展推进贫困治理理论为研究基石，首先对贫困脆弱性及贫困脆弱性与金融治理的相关关系等理论进行梳理，然后结合西部民族地区贫困程度深，政治敏感度高，文化、宗教等非经济因素影响显著，人口较少民族深度贫困问题较为严峻等脆弱性特征，分别从经济系统、社会系统、生态系统三个脆弱性子系统探究其成因，并对西部民族各代表区域的脆弱性程度进行了测度。在此基础上，本书讨论了财政扶贫资金、商业性正规金融、小微金融等不同类别金融对这一特殊区域贫困脆弱性的治理现状。从考察结果来看，不同类型金融发挥的治理作用与承担的角色各不相同。概言之，财政扶贫资金在民族地区扶贫进程中的“供血”“输血”主导作用十分明显；商业性正规金融“惧贷”“惜贷”现象较为普遍；小微金融作为内生于民族地区经济社会的特殊金融，其“毛细血管”的角色充当得淋漓尽致，已成为西部民族落后地区增强脆弱性群体自我发展能力、实现自我“造血”、抑制脆弱性特质的重要金融形式。在分析了贫困脆弱性及金融治理现状之后，本书还考量了各金融变量的治理绩效，从实证结果来看，自然灾害频发对西部民族地区的负向冲击作用十分显著，不断威胁着这一特殊区域承灾、防灾、抗灾及救灾能力，同时自然灾害的空间蔓延进一步加剧了西部民族地区贫困的脆弱性。金融治理变量中，财政支出、人均贷款、保险均对贫困脆弱性具有一定的减缓及治理作用。在社会影响因素作用方面，人力资本对于西部民族地区稳定脱贫、抑制脆弱性具有长期决定性作用，而医疗卫生健康事业的发展也为民族地区贫困脆弱性的治理做出了重要贡献。为更好地提升西部民族地区贫困脆弱性金融治理的绩效，精确瞄准脆弱性金融治理的对接点，本书明确了金融治理的基本原则及不同类型减贫金融的作用机制，在此基础上总结了贫困脆弱性金融治理的政策启示，并提出几方面具有普适价值的对策建议。

目录

1 绪论

1.1 选题背景及研究意义

1.1.1 选题的背景

进入21世纪后，随着《中国农村扶贫开发纲要（2001—2010年）》的实施和《中国农村扶贫开发纲要（2011—2020年）》的逐步推进，我国扶贫事业取得了长足进步，全国绝对贫困人口数目已得到大幅减少，作为扶贫攻坚阵地的西部民族地区基础设施建设亦得到显著改善，民族地区各项社会事业不断取得进步。然而，我国反贫困工作还远未结束，解决农村贫困问题任重道远，绝对贫困人口尤其是西部民族地区绝对贫困人口规模仍旧庞大，按照我国最新扶贫标准（事实上，我国的扶贫线采取动态调整的原则予以适时调节，2011年，中央扶贫开发工作会议将农民人均收入2 300元作为新的国家扶贫标准），截至2013年年底，我国贫困人口仍有8 249万，其中西藏、新疆、云南、贵州、甘肃、青海6个少数民族比例较高的省（区）贫困发生率高于了20%。①与此同时，尽管近年来我国政府扶贫资金投入力度在不断加大，然而，致贫原因复杂，贫困程度深，贫困群体脆弱性特质显著、空间分布分散、脱贫成本高等"顽疾"使得每年脱贫人口逐步递减，脱贫速度明显放缓（如表1-1）。

---

① 统计数据来源于2014年中国首届10·17扶贫论坛发布的报告《中国反贫困发展报告（2014）》.

表 1-1　　　　　　　　　**改革开放以来我国扶贫绩效**

减贫指标	1978—1985 年	1986—1993 年	1994—2000 年	2001—2007 年	2008—2013 年
贫困人口年均减少量（万人）	1 786.7	937.5	613	247.1	223.2
贫困率年均下降幅度（%）	1.6	0.825	0.671	0.27	0.21

资料来源：1978—2007 年的数据来自国务院扶贫开发领导小组办公室公布数据，2008—2013 年的相关数据来自相关年份《中国统计年鉴》.

此外，随着我国反贫困工程的日益深入，尤其是进入新世纪之后，过分关注于贫困群体经济收入或支出的经济性扶贫范式，在识别贫困群体及识别之后所采取的减贫策略方面已受到较为明显的掣肘：原有的根植于计划经济体制时代的社会保障福利体系已趋崩溃，而新的民族贫困地区社会保障体系亟待构筑，现实生活中广大贫困群体尤其是西部民族地区贫困群体普遍缺乏行之有效、运转有序的经济社会保护网，这就使得绝大部分贫困群体被迫直接“裸露”于自然、经济、疾病等各类交织风险中。加之我国贫困地区尤其是民族特困地区多分布在自然灾害频发、生态环境脆弱、气候条件恶劣的区域，这些地区的贫困群体一般会面临地震、滑坡、泥石流、干旱等自然灾害，农产品价格波动、政策变更以及地方性疾病等多重系统或非系统风险，大多数贫困农户虽然受惠于国家多年扶贫政策所带来的生计条件、地区基础设施改善等福利，但时至今日其自我发展能力并没有得到质的改变，一旦遭受各种负向冲击，就极易陷入返贫或重复返贫的状态，致使其贫困程度不断加深。王国良研究指出，从全国范围来看，由于自然、历史、社会等方面的原因，贫困地区发展面临的困难特别是一些深层次问题还未得到根本解决，全国农村仍有 1 亿贫困人口，农村地区因病致贫、因灾返贫的农户占农村贫困总人数的35%左右，每年因脆弱性（vulnerability）或持续性贫困导致大约 1 035 万人因病而陷入倾家荡产的境况。① 近年来，我国在扶贫过程中的返贫问题愈来愈突出。一方面，大量贫困人口不断脱贫；另一方面，又有大量的脱贫人口不断陷入返贫的怪圈。正如 2011 年底由国务院新闻办发表的《中国农村扶贫开发的新进展》白皮书提及：“在当前庞大的贫困队伍中，大部分属于返贫人群，这一比例约为 2/3，这些群体脆弱性特征极为突出，市场波动成为他们返贫的重要原因，农资产

① 摘自 2014 年 1 月 27 日国务院扶贫开发领导小组办公室副主任王国良于国务院新闻发布会上的演讲.

品、农产品价格波动也是其脆弱性的致因。同时，相当比例的贫困人群由于生活在自然条件恶劣、资源贫瘠、生态脆弱的地区，加之自我发展能力不足，抵御风险能力欠缺，在一些负向冲击之下，这些群体很容易反复陷入贫困。”

贫困群体的脆弱性在西部民族地区表现得更为突出，这一特殊区域在反贫困实践中出现的返贫现象亦十分严重，颇引人关注。该区现已成为我国返贫率最高的区域并且其贫困问题凸显出新的特征，主要表现为农户在自然灾害、市场波动、政策调整、疾病侵袭等多重风险作用下集中呈现出的适应艰难与脆弱性问题。以返贫为直观表现形式的脆弱性问题已成为新的历史条件下制约西部民族地区经济社会事业宏观布局的瓶颈，解决此问题已成为我国全面建成小康社会与推进新型城镇化建设中的“重中之重”与“难中之难”。

从时间维度上看，西部民族地区农村的返贫呈现出易发性与高频率的特点，几乎每年都会发生一至两次大的返贫，一旦外界出现不利因素的冲击，立即就会导致返贫的产生。从地理空间维度上看，返贫率高、返贫程度深的区域往往出现在贫困面泛的连片地带，如我国的六盘山区、乌蒙山区等集中连片特困地区，而整体经济基础较好、贫困面小的东部地区返贫率则要低许多。譬如，一旦遇到自然灾害、疾病的负向冲击，西北、西南两块少数民族聚居区域农村返贫率高达60%，西北有些农村地区甚至出现了返贫人口多于脱贫人口的情况（葛珺沂，2013）。

西部民族地区农村返贫率之所以高，究其原因在于：第一，西部民族地区由于地理、历史、文化、习俗等原因，面临的负向风险冲击更为频繁，从而助推了民族地区的脆弱性膨胀。从自然风险看，西部民族地区大多位于高山峡谷、高原牧区等，这些地区历来自然灾害较多，随着世界极端天气的增多，自然灾害发生频次极有可能增高；从居民健康风险看，西部许多民族地区地处传染病与地方性疾病交织区域，所在区域的农户更易受到健康威胁；从市场风险来看，西部民族地区农产品市场与劳动力市场不完善，农户参与率低，加上农业生产的盲目性，致使低收入脆弱性农户返贫概率不断加剧。第二，尽管传统的“开发式”扶贫政策极大地促进了民族贫困地区的经济社会发展，但也不应该忽视其抑制返贫等贫困脆弱性动能不足的先天缺陷。开发式扶贫目标旨在提高贫困群体收入，其开发手段多为财政资本直接投入，而忽略了社会资本、金融资本、教育人力资本等要素的强化。同时，开发式扶贫使得贫困农户不具有应对负向冲击的自我修复能力，自我发展能力匮乏，易陷入扶贫时收入增加、一旦遇到风险冲击就迅速返贫的怪圈。第三，返贫频次的增加挫败了脆弱性贫困农户的脱贫信心，同时也使得返贫者生产生活行为发生扭曲，一些农户在经历多次返贫后，陷入了“听天由命，顺其自然”的宿命论中，这也在一定程度上加剧了贫困脆弱性的蔓延。

从脆弱性视角研究我国西部民族地区反贫困制度创新，对于西部民族地区提升反贫困绩效、创新扶贫方式，具有十分重要的意义。要有效抑制及治理西部民族地区贫困的脆弱性，亟须在新一轮的扶贫开发中精确瞄准与脆弱性特质紧密相连的脆弱性群体的生产、生活状况和抵御风险的各类资本状况，在扶贫范式上也应该由以“经济帮扶”为重转向以“脆弱性预防、警示及治理”为主。西部民族地区在积极应对各种脆弱性来源的同时，更需在时间维度上采取标本兼治的长期治理方案。一方面，应给予贫困人群充分参与市场经营活动的机会；另一方面，则应该通过“造血”加“输血”的方式增强其自我发展能力，系统地提升其可持续发展的生计能力。相关金融发展理论及国内外民族地区实践证明，有效的金融支持方式、因地制宜的金融减贫架构不失为一种提供给贫困脆弱性群体，帮助其启动自主生产能力、自力更生，应对风险和各种冲击，加强脆弱性保障的策略及践行方案。正是基于这样的视角，本书以特定地理空间——西部民族地区的贫困脆弱性群体为研究对象，借鉴国内外已有研究成果，开展中、微观层面的大样本农户调研，对贫困脆弱性治理与金融减贫理论进行梳理；同时，运用定量分析与定性分析相结合的方法，结合西部民族地区生计脆弱性现状，尝试构建贫困脆弱性的金融治理框架，以期为民族地区贫困脆弱性治理提供理论支撑，为民族地区发展、民族地区金融制度创新提供政策借鉴。

1.1.2 研究意义

在全球化、市场化、新型城镇化浪潮的强势冲击下，西部少数民族地区并未展现出百花齐放的繁荣景象，相反，一些地区却显得更加凋敝和萧条：第一，从纵向发展来看，西部民族地区经济和民众的生活水平已有了较大程度的改善，但从横向比较来看，其与发达地区相比，两极分化的“马太效应”日益明显；第二，西部民族地区独特的民族文化与民族工艺传承形势严峻，民族文化断层现象比比皆是，本土经济发展与原始乡土文明在物质、行为、精神等方面的冲突愈演愈烈；第三，西部民族地区贫困群体普遍面临生计转型与文化变迁的现实困扰，伴随着国民经济调速换挡、经济下行的“新常态”，这一区域贫困群体生计资本大多单薄贫乏，生存压力加大，贫困群体的幸福指数普遍不高，脱贫信心匮乏。

与此同时，西部民族地区反贫困工程也出现了一些显著变化，这些新变化值得我们玩味和反思。第一，我国现阶段以政府为主导的开发式扶贫模式在西部民族地区尤其是特困民族地区边际效益呈递减态势，民族地区反贫困制度创新的呼声日渐高涨；第二，现有的反贫困制度安排缺乏对西部民族地区特殊区情和特殊致贫机理的考量和研究，难以兼顾减贫制度安排、减贫模式与制度环境的融合，减贫制度体系的横、纵向本土化进程亟待加速；第三，经过多年的扶贫实践，西部民族地区基础设施建设已有了质的提高，贫困群体也拥有了一定的生计资本，民族地区的绝对贫困问题已更多地转化成为自然与市场双重风险作用下的适应艰难问题。贫困群体的贫困脆弱性已成为新时期西部民族地区提高减贫绩效的制约瓶颈，只有消除或缓解脆弱性，才能真正有效治理西部民族地区的贫困问题。

基于此，本书立足于中、微观贫困群体视角，搜集与整理贫困群体的生计风险、生计资本、金融资本等相关资料，把握西部民族地区贫困群体脆弱性特质及主要影响因素，以金融治理的视角，衡量民族地区消减贫困群体脆弱性的现有成效，并提出现阶段西部民族地区贫困脆弱性金融治理的措施。本书将贫困脆弱性纳入西部民族地区金融减贫的范畴之中，丰富了这一特殊区域金融发展及金融减贫的相关理论，具有一定的理论价值。同时，本书较为完整地讨论了脆弱性治理现状、治理绩效及对策建议，为提升该区域减贫绩效、创新扶贫方式提供了政策参考和视角创新，具有一定的实践意义。

（1）将贫困的脆弱性治理纳入金融减贫的范畴，丰富了西部民族地区金融发展及金融减贫相关理论。

已有的相关文献通常是从宏观层面较为笼统地考量金融支持对西部民族地区经济发展的作用及相关缺陷和对策，或者研究现行的金融体制、金融政策的功能绩效，再者就是以静态的眼光关注抑制西部民族地区扶贫成效的影响因素，如宗教文化、自然环境等，而鲜有研究从中、微观层面以金融治理的视角探讨脆弱性治理框架及缓解思路，同时，以整个西部民族地区贫困脆弱性作为研究对象，对其进行技术测度，分门别类地对西部民族地区脆弱性类别进行科学划分，概括出共性及个性特征，继而在类别划分基础上凝练出因地制宜的金融治理思路及践行措施，这一研究逻辑所涉及的领域目前尚处于空白。基于此，本书重点着墨金融减贫对于治理、抑制西部民族地区贫困脆弱性的效用以及金融治理体系内生于民族地区自我发展的效用与策略，这对于巩固经济发展中的减贫成果并帮助调整扶贫战略具有重要意义，最终在一定程度上丰富了金融扶贫、减贫理论。

（2）系统性研究贫困脆弱性的金融治理框架，为西部民族地区提升反贫困绩效、创新扶贫方式提供政策参考。

李克强总理在2014年政府工作报告中指出，“创新扶贫开发方式。各地要优化整合各类扶贫资源，实现精确扶贫，确保扶贫到村到户。积极引导社会力量参与扶贫事业”。从脆弱性的角度来重新审视西部民族地区的贫困问题，揭示出民族地区人口面临的各种风险和各种风险对民族地区人口福利水平提高的威胁，提示了扶贫的新切入点与精准扶贫。同时，整合扶贫资源，引导社会力量参与扶贫事业，通过构建完善的金融减贫体系及网络化运作机制来抵御各种风险的冲击，有效抑制、治理了贫困的脆弱性，增强了西部民族地区脆弱性群体的自我发展能力与风险抵御能力，客观上维护了脆弱性群体的人格尊严与社会的公平正义。2014年中国首届10·17扶贫论坛①发布的《中国反贫困发展报告》也指出：“我国仍然是一个发展中国家，区域发展失衡现象仍较为突出，困扰贫困地区脱贫的深层次矛盾依旧存在。目前我国贫困人口分布较为分散，且主要分布在自然条件恶劣、基础设施落后的民族区域，扶贫难度较大。可见，现阶段我国的贫困问题仍然非常严重，严峻的贫困形势，不仅要求政府有更多的财政支出，而且还需整合社会扶贫力量，竭力合作以提高社会整体反贫困成效。”由此看出，资金瓶颈一直是影响贫困人群稳定脱贫的决定性因子。作为重要社会扶贫力量的金融服务对贫困脆弱性的治理作用不言而喻，亦是促进社会协调稳定发展的有力措施，有助于实现西部民族地区社会稳定和国家的长治久安。与此同时，合理的资金配置也使得整个社会的资源配置状态得到了改进，西部民族地区的经济效益也相应地得到提高，“造血”功能更加强劲。用动态的眼光重新审视贫困问题，并以金融支持、金融资源整合的方式把扶贫工作融入社会、经济等各个领域，有助于民族团结和民族关系和谐发展大局的形成，有助于各民族走向共同富裕、全面建成小康社会以及“中国梦”的最终实现。以扶贫成果的可持续发展为目标，提高西部民族地区贫困群体应对风险的能力，降低贫困人口的脆弱性，势必将进一步深化传统贫困理论，更有效地推进减贫事业向前迈进。

---

① 该论坛由北京大学、清华大学、中国科学院地理科学与资源研究所、中国扶贫发展中心、中国国际扶贫中心等单位联合发起. 2014年首届论坛的主题是：扶贫开发与全面小康.

1.2 相关概念的界定

1.2.1 西部民族地区

“民族”一词范畴极为广泛，有丰富的内涵，对于其概念国内外学者至今都未形成统一的观点。马克思主义认为，民族是“一个稳定的群体，该群体具有毗邻的地理区位、共同的生活习俗、相同的语言、相近的心理活动等群体特征”①。

我国是一个多民族国家，由官方确认的民族共56个。除人口占绝大多数的汉族以外，其余的55个民族被统称为“少数民族”。各民族无论处于什么地理位置，也无论人口多少，均享有平等的政治权利。经过岁月的不断沉淀，我国的少数民族与汉族一道在空间分布上形成了大杂居、小聚居的格局。为实现民族地区经济社会的健康发展，在民族区域自治的理论基础上②，我国实行了少数民族地区自治政策，即在这类自治地区设立自治机构，行使相应的自治权利，处理具体的民族事务。一般而言，学界对我国少数民族地区的经济研究主要集中于两个层面：一是针对特定民族，讨论其经济发展状况，如研究宁夏回族南部山区经济发展特点、模式与局限等；二是在地理单元基础上研究民族地区区域经济发展，如四川藏区与西藏藏区的经济发展对比分析等，所研究的区域常住居民可能是单一民族，也有可能是多民族的融合（黄健英，2009）。

“西部”一词最先进入人们视野是来自美国的西进运动，尤其是美国影片中的西部牛仔形象，使得美国西部乃至“西进运动”为世人所熟知。美国的“西进运动”为美国民族精神的形成、发展与美国本土经济的平衡构筑奠定了坚实的物质基础。在美国“西进”运动成功经验的导向作用下，我国政府出于“缩小地区差距”、加强民族团结和维护边疆稳定的全盘考虑，于1999年启动了西部大开发战略。该战略实施的范围主要覆盖了西部12个省、自治区、直辖市：重庆市、四川省、陕西省、甘肃省、青海省、云南省、贵州省、广西

---

① 斯大林. 马克思主义和民族问题［M］//斯大林选集·上卷. 北京：人民出版社，1979：64.

② 民族区域自治是列宁1913年为了实现共产主义提出的解决民族问题的方法，见列宁著《民族问题提纲》.

壮族自治区、内蒙古自治区、宁夏回族自治区、新疆维吾尔自治区、西藏自治区。① 从地理范围来看，我国的西部习惯上分为西南地区和西北地区，但自从西部大开发战略实施以来，我国西部的概念扩展至西部大开发所涵盖的广义地域。这一区域土地面积538万平方千米，约占全国国土面积的56%，除四川盆地和关中平原等少数人口密集地区之外，其余地区人口较稀少，区内经济发展水平差异显著，是我国经济基础相对薄弱，但开发潜力较大的地区。

综上，本书的研究主体是西部民族地区贫困脆弱性的治理问题，也即研究西部地区中的民族自治地方的发展问题。因此，本书将所研究的西部民族地区的地理空间界定为我国西部大开发战略所涵盖的属于少数民族自治地方的特定区域，是经济欠发达地区。加快该区域经济社会发展、推动该区域反贫困进程，是这一地区发展的首要任务。

1.2.2 贫困脆弱性群体

自1987年世界环境与发展委员会提出可持续发展概念以来，短短的30多年时间里，人类经历了大地震、海啸、全球气候变暖、生态环境危机等诸多的自然灾害。在自然灾害面前，尽管可持续发展理念早已深入人心，但要使其生根发芽、开花结果，变成经济社会发展的“新常态”，则需通过各方面的努力才有可能最终实现。为有效描述人们遭遇自然灾害、通货膨胀、社会变迁等脆弱情景，世界银行、联合国粮食及农业组织等国际组织相继提出了脆弱性分析这一研究工具。

脆弱性源于生物学概念，本意是指生态系统抵御外界干扰能力低，自身稳定性差。目前这一术语已被广泛运用于金融学、灾害学、政治学、社会学等诸多研究领域，而且其在这些领域的应用频率呈现出迅猛发展的态势。脆弱性这一概念正式被导入贫困经济学研究是在21世纪初才开始。阿玛蒂亚·森首次将它引入贫困问题进行研究，“不管是何种程度的饥荒，几乎很难给全社会不同经济基础群体造成相同的痛苦指数”②。不同的群体遭受社会变迁和风险冲击时所表现出来的结果存在差异性，脆弱性分析方法就是用来解释“为什么有的家庭在灾难冲击下安然无恙，而有的则由于不能适应和应对突如其来的冲

---

① 此外，西部大开发的范围还包括湖北省恩施土家族苗族自治州、湖南省湘西土家族苗族自治州、吉林省延边朝鲜自治州.

② 阿玛蒂亚·森. 贫困与饥荒——论权利与剥夺［M］. 北京：商务印书馆，2001.

击和压力，陷入难以为继，甚至轰然瓦解的艰难境地”①。

受阿玛蒂亚·森和20世纪80年代可持续发展理念的影响，世界银行2000年年度《世界发展报告》将“脆弱性”描述为“度量受冲击影响而导致未来福利下降的概率”。自此这种前瞻性研究方法迅速成为该领域的前沿方法。不同学者对脆弱性进行了各种的概念界定。归纳已有研究，学界主要从三个方面对贫困脆弱性进行了定义：一是从概率论的视角，指个体或一个家庭未来遭受各类风险冲击而陷于贫困的可能性，贫困的状态包括持续性贫困或者现在非贫困家庭由于遭受各类负向冲击导致陷入贫困状态（Chaudhuri, et al, 2002; Pritchett, et al, 2002）；二是从能力的视角，指家庭或个体应对风险的能力，具体又可分为基于财产方法和能力方法的应对能力，前者强调缺乏丰富多样的资产如金融资产、物质资产对各类负向冲击进行平滑，后者重视能力的匮乏对于遭受不幸、陷入贫困的影响力（Ahamed & Lipton, 1999; Chambers, 1989）；三是从福利学的角度，指风险事件导致的福利后果（Morduch, 2002）。综合这三个方面具有代表性的定义，同时在参考国内贫困线划分标准及相关学者现有研究成果基础上（熊娜，陈池波，2013），本书将贫困脆弱性群体界定为五年（最近五年）中至少有一年家庭人均收入低于2 300元的城乡居民。基于该标准，本书的调研数据样本才更具说服力。

1.2.3 贫困脆弱性的金融治理

英语中的“治理”（governance）源自古希腊语，其主要含义是指管理、控制、引导和权威维护等行为。从20世纪90年代起，经一些国际组织对治理概念的运用，“治理”一词术语迅速地流行起来，受到学界或实务界的一致热评，公司治理、政府治理、贫困治理、社区治理等治理领域广为拓展，紧接着，随着经济学、政治学、管理学等人文社科领域诸多学者的讨论，跟治理理论相关的一些主流观点及实践主张很快发展成为一套传播性较强、实践价值深远的理论。根据全球治理委员会较为权威的治理定义，“治理是使存在利益冲突或矛盾的群体利益得以纾解及调和的持续性过程，是一系列机构或个体管理既定事务众多方式的集合，它包括了被管理、引导或服务的对象服从有关规章制度管理或不同类型的非正式安排”②。不难看出，治理与统治是完全不同的

① 潘泽江. 中国特困民族地区农户脆弱性问题研究［M］. 北京：科学出版社，2013：40-41.

② 陈刚. 治理理论的中国适用性及中国式善治的实践方略［J］. 湖北社会科学，2015（2）：40.

两个概念，治理更强调各种经济社会组织对公共事务的参与及管理，更强调政府与非政府组织的平等协作、互助互动的伙伴关系，更强调通过商谈、引导、协调的方式解决各类分歧。尽管时下各界对“治理”一词的使用有泛化的趋势并存在争议，但从国内外较为成熟的治理理论及治理实践效果中可以发现，“治理”理论所倡导的各方参与，政企、政社合作、良性互动，多元共治、多维善治等观念和精神实质上已被大多数人认可和接纳。从这个角度来看，“治理”理论有其广泛的适用领域和长久的生命力。本书所研究的贫困脆弱性问题，恰与“治理”理论所倡导的基本理念相匹配，并拓宽了解决脆弱性问题的外延。贫困脆弱性的治理本身是一个极为复杂的系统性问题，也是综合治理的过程，其治理手段也丰富多样，包括了政策治理、教育治理、金融治理、文化治理、生态治理等手段。金融治理只是贫困脆弱性治理诸多手段中的一种重要方式，其作用主要体现在金融发展对抑制贫困及其脆弱性有一定的正向影响，但是其作用是有限的，不是万能的，并且需要在一定的框架内同其他手段配合才能发挥出最大功效。概言之，金融治理作用的发挥有一定的适用性。因此，本书所研究的脆弱性金融治理问题实质上就是在一定条件下金融治理作用最大化的过程。

减贫则是一个全球性议题。减贫首先需考虑从贫困的致因开始探究，概括而言，对贫困成因的解释无外乎有如下几种情况：一是收入水平低下或满足基本生活的物资严重匮乏。这是对贫困的一种静态描述。针对这类贫困的救助方式一般多以输血式扶贫手段为主，其目标是为这类贫困群体提供必要的生活费用、物资，因此这类扶贫通常被称为“救济式扶贫”。对于那些精神疾病、先天残疾、生理性衰老等导致的不可逆转性贫困，这种方式有其存在的必要。二是社会排斥观点。该观点认为贫困是由于个体或群体在劳动力市场、政治参与、社会福利、社会人脉等方面被排斥。“社会排斥”亦可理解为把某些个体或群体排斥到主流社会或规范体系之外，从而使之被“边缘化”。由于被社会排斥，那么这部分人群就难以获得公平的机会和充裕的社会资本抢占脱贫的先机。因此，针对这类型贫困，行之有效的方式是促进社会融合和阶层流动，提高贫困人口的社会参与度，以帮助其获得广泛的社会资本。三是以阿玛蒂亚·森为代表的能力解释观点，认为贫困的本质是基本能力的剥夺。这里的能力含义宽泛，既包括身体健康状况，又包括了精神富有程度，而影响身体健康与精神富有程度的重要因素是医疗和教育。因此，从这个角度来说，减贫的根本途径是增强贫困人口的可行能力。

如前文所述，贫困的脆弱性产生于贫困群体面对自然灾害、环境变化、市场波动、政策调整等经济社会因素冲击时应对能力的缺乏。目前的主流观点认为经济增长能有效减缓贫困，实现贫困的治理（Bourguignon，2004；Kraay，2004；汪三贵，2008），并且诸多的国际组织和大部分欠发达国家都以此理论为基础建立了各种类型的减贫框架。例如，联合国开发计划署、国际货币基金组织和世界银行推行的是贸易全球化、资本市场自由化、国际直接投资这样的国际减贫框架；中国实施的主要是由政府主导、多种力量共同参与的开发式扶贫政策；孟加拉等南亚国家则热衷于小额信贷体系直接服务于贫困群体的减贫模式。从国内外扶贫实践来看，毋庸置疑，作为重要减贫、扶贫手段的金融机构政策与金融减贫项目所溢出的“涓滴效应”可以惠及更多的弱势群体和贫困群体，最大限度地发散金融扶贫的综合效益（Bakhtiari，2006；汪三贵，2008；胡鞍钢等，2010）。

金融减贫或金融治理是反贫困政策框架中的模式之一，也是社会扶贫、行业扶贫、扶贫政策保障的重要力量。金融治理可以从宏观、微观两个维度对其进行概念界定。

从宏观视角来看，金融治理即以金融发展的过程来改善或减缓贫困的“终极状态”，该过程也是金融体系完善的过程。许多研究及实践证明，金融治理实际上也是金融本身发展的过程，其治理机制在于以金融发展的方式促进金融辐射地区的经济增长、居民收入水平的提高，以及分配结构的改善，降低经济波动的不良影响，从而达到治理贫困的目的。当然，这个过程包含的是政府、金融机构、社会非政府组织、贫困群体、脆弱性群体共同参与、竭力合作、良好沟通、互动互磋的过程。该过程亦是“治理”的应有之义，是决策层整合扶贫力量、实现多元化扶贫的生动实践。

值得着重指出的是，“治理”本身蕴含的前提就是政府、非政府组织等参与主体互动互融、有机结合的过程，因此，本书中金融治理所指的“金融”是一个广义的概念，既包括政府性金融如财政手段，又包括传统意义上的商业性金融、合作金融、政策性金融、小微金融、资本市场及保险等。针对西部民族地区这一特殊区域，“金融治理”既包括了各种金融减贫、金融支持政策，还包括了政策性金融、商业性金融、合作性金融、小微金融等不同类型金融的金融减贫体系及提供的金融服务。具体来看，金融政策是指政策制定者通过存款准备金、差别化存贷款利率及信贷配给等手段，为特定地区或特定产业的信贷资金投向赋予行政任务或为信贷资金供给机构提供一定租金补贴的一系列制度安排。金融管制政策的推行是现阶段我国金融减贫政策作用发挥的前提，我国金融管制政策主要包括金融市场准入制度、法定存贷款利率及对金融机构经营管理的相关规定。理论及实务界一致的看法是银行的信贷支持作用、资本市场、保险市场的快速发展，小微企业抵押担保融资体系的完善及各种形式的金融创新是现阶段我国主要的金融支持政策。金融支持体系，简言之就是为达到既定目标（对特定部门或特定行业、地区的重点扶持），采取的以金融支持政策为主导的金融人才培养、引进，金融组织的壮大，法律法规体系的完善及金融产品或服务的创新等一系列金融体系的构建及完善过程。具体到我国西部民族地区，金融体系应包括法律保障体系、信用担保体系、金融创新机制及金融机构体系（张家寿，2010）。其中，法律保障体系包括了我国通用的宪法、民商法、经济法等，也包括少数民族地区特有的法律法规，如民族区域自治条例等。信用担保体系主要由政策性信用担保机构、非营利性互助机构及商业性机构组成。金融创新机制包括的内容更为丰富，除传统意义上金融产品、服务的创新外，还包括了渠道创新、地区金融发展模式的创新。值得说明的是，这里的金融机构体系主要强调的是不同类型、不同性质的金融机构在西部民族地区的配套性和适配性，而非片面的金融产品供给的多样性、全面性。

金融治理的微观视角则是以小额贷款等方式为贫困群体提供信贷支持与信贷资源。经验表明，贫困脆弱性群体在脱贫过程中遭遇的最大困难就是资金的匮乏，获得的金融产品或服务十分有限，人力资本投资也就无从谈起。从贫困的致因及贫困脆弱性源头不同解释出发，金融治理的机制可以从两个维度展开：一是资本视角，二是能力视角。前者是金融治理的基本手段，而后者是对金融治理的更高要求。

资本缺乏是返贫和贫困脆弱性产生的重要原因，而向贫困脆弱性群体提供起步资本是以小额贷款为代表的草根金融最重要的功能之一，也是小微金融抑制贫困脆弱性的直接作用机制。小额贷款之父尤努斯的理想就是“把贫困放进博物馆”。尤努斯创建的孟加拉格莱珉银行，到今天已发展成为国家银行。格莱珉银行所服务的贫困对象大多都具有显著的脆弱性特质，银行为其提供购买原材料的资本，使他们免受高利贷的压榨，从而能够实现自我雇佣，走出贫困的泥泞之路。印度小额贷款组织也是直接为贫困脆弱性群体提供起步资本，让他们能够参与小商业、手工作坊及其他市场活动，增强自身发展资本和发展能力，逐步摆脱或消除脆弱性先天特质。

能力视角要求以提高贫困脆弱性群体的可行能力与风险抵御能力为核心，它通过赋予贫困脆弱性群体一定的信贷资源，使其拥有抵御风险和自我发展的能力。在这一视角下，对微观层面的金融治理而言，它要求各类金融机构或金融组织不仅仅满足于为贫困脆弱性群体提供起步资本，更要捕捉脆弱性致贫机理，帮助贫困脆弱性群体建立生产生活网络，参与社会、市场各项活动，获得社会资本。同时，“授人以鱼不如授人以渔”，相关部门还应提供相应的教育或培训项目，完善医疗、社会保障体系，解除贫困脆弱性群体生产生活的后顾之忧。

可以看出，能力视角是对资本视角的有益提升，要求在资本供给之外，为贫困脆弱性群体建立一个综合性的支持体系和网络化保障机制，从而使他们永久性告别脆弱性，稳定脱贫。资本视角的金融治理是基本手段，着眼于可持续地为贫困脆弱性群体提供最为短缺的资本品。基于能力视角的金融治理则兼顾上游干预、下游治理的纵向治理办法，有助于更好地提升和巩固脆弱性金融治理绩效，使脆弱性贫困者不仅解决了温饱问题，还拥有了追求更好的生活的能力。

1.3 研究的逻辑思路及方法

1.3.1 研究的逻辑思路

本书在金融支持、金融发展与贫困减缓及治理的相关理论基础上，按照提出问题、分析问题、解决问题的逻辑顺序逐步演进。即本研究首先站在新一轮西部大开发和缩小区域经济发展水平差距、推动民族经济大发展的大背景下，聚焦西部民族地区日益突出的贫困脆弱性难题，针对当前国家层面推进“新四化”战略决策及西部民族地区减贫开发的新形势，指出由于原有扶贫制度安排缺陷等因素致使该区域有效抑制贫困脆弱性面临诸多困难及治理困境，然后分析贫困脆弱性现状及贫困脆弱性金融治理现状、绩效等，最后提出金融治理的运作机制前提下的相关政策启示和具体举措。西部民族地区脆弱性现状与金融治理现状如何？贫困脆弱性的金融治理绩效又是怎样？如何在适用条件下发挥出金融治理的最大作用？如何制定出既包括共性但又不失个性的具体减贫措施？本书将按照这样的思路逐次推进。图 1-1 是本书的基本思路及逻辑框架图。

1.3.2 研究方法

定量分析与定性分析相结合，并辅之以典型地区案例研究的方法是本书主要的研究方法。本研究综合运用经济学、金融学、民族学、社会学等学科的前沿研究成果，尝试性地研究金融支持与贫困脆弱性治理的关系，以期为解决我

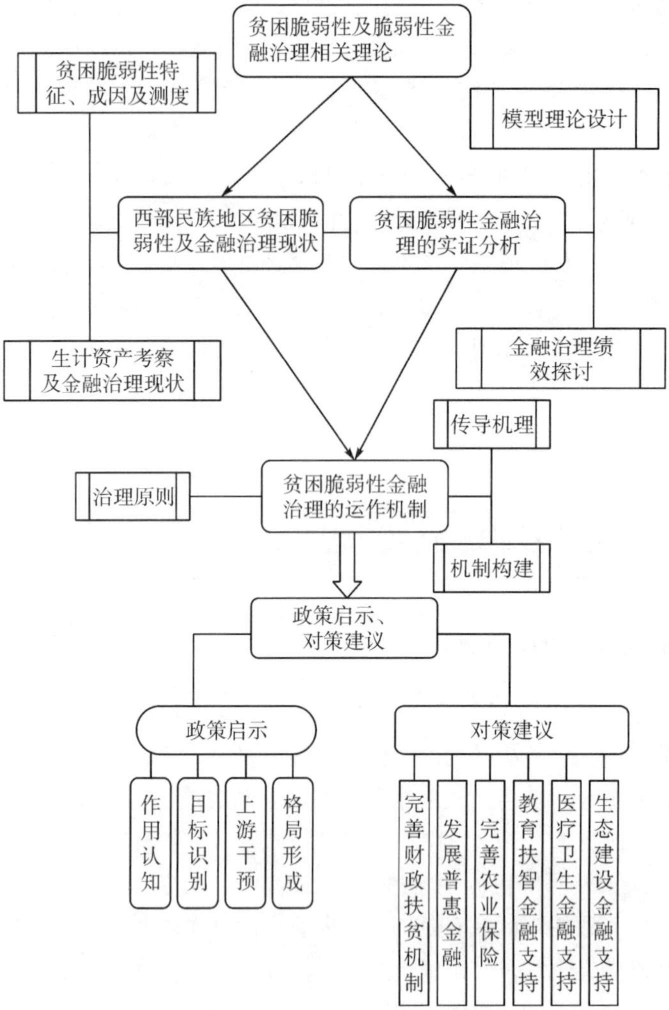

图 1-1　基本思路及逻辑框架图

国西部民族地区这一特殊区域的贫困脆弱性问题提供一定的理论支持与实践依据。

在定量分析上，一是采用了计量经济学的实证研究方法，运用西部民族地区的面板数据或横截面数据，分析金融支持对贫困脆弱性治理的影响；二是采用统计学的相关原理，运用相关统计软件对贫困脆弱性进行了初步测度。

在定性分析上，以国际主流观点、完整的演绎逻辑和大量调研事实为分析基础，从西部民族地区贫困的脆弱性现状、程度、差异性出发，建立起贫困脆弱性金融治理的评价指标，同时还以西部特色民族地区的调研案例作为佐证，以金融发展与贫困治理的关系为研究基点，提出一些有助于这一特殊区域贫困脆弱性金融治理的注意事项，包括政策启示与具体的对策建议等。

1.4 研究的主要内容及目标

1.4.1 研究的主要内容

本书所研究的内容主要是西部民族地区贫困脆弱性的金融治理问题。按照提出问题、分析问题、解决问题的逻辑顺序，主要的研究内容可以归纳如下：

1.4.1.1 贫困脆弱性及贫困脆弱性金融治理相关理论探讨

这一部分主要探讨金融发展与贫困及贫困脆弱性治理的关系，而这也将是全书研究的理论基础及研究基点。在梳理国内外贫困脆弱性治理相关文献及理论的基础上，鉴于直接研究成果缺失，针对民族地区的专门研究及定量分析稀缺，本部分将重点突出西部民族地区金融减贫特色，并尝试性地概括金融支持与贫困脆弱性治理的相关理论推演，以期为这一领域的专门研究提供理论支持。

1.4.1.2 脆弱性及贫困脆弱性金融治理现状

该部分主要鉴别贫困脆弱性的特质以及分析西部民族地区贫困脆弱性治理的现实依据。一方面，在阐述西部民族地区贫困脆弱性特征、多元成因、脆弱性程度及特点基础上，阐明了西部民族地区金融发展状况及金融扶贫的现状，进而阐释西部民族地区实现贫困脆弱性治理的金融减贫基础。另一方面，通过从微观层面上分析脆弱性农户生计资产现状，即对自然资本、物质资本、人力资本、金融资本与民族文化资本现状的考察及技术测度，明确了当前西部民族地区整体脆弱性程度及各民族地区农村区内不同脆弱性类别的差异，明晰了农户应对各类风险冲击的承受能力及风险平滑能力。同时，从宏、中观层面上分析了国际国内投资环境、产业发展状况、就业水平、城镇化发展水平、现代农业发展基础、资源条件、信息要素和政策与市场环境等要素，探寻西部民族地区抑制贫困脆弱性的有利条件和金融治理的载体取向。

1.4.1.3 实证分析与贫困脆弱性金融治理的运作机制

实证部分主要探讨金融支持对贫困脆弱性治理的绩效问题。该部分主要采用西部民族地区的面板数据探讨贫困脆弱性金融治理的绩效问题，同时还在实证分析过程中提取贫困脆弱性治理的关键因子如人力资本、金融资本等，从而为最后的金融治理措施提供实施依据。此外，考虑到现代市场经济条件下，金融作为经济的核心，金融支持作为区域经济社会发展与金融互动的条件、作为金融资源效应的传导机制这一客观现实，要最终保障金融支持对贫困脆弱性治理的具体措施落实并高效运行，就需要建立和明确有利于金融减贫、金融治理的运作机制。只有在相对完善的机制框架下，才能发挥金融减贫效应的最大功效。因此，本书在这一部分提出了金融治理的原则、治理机制的构建等金融治理运作机制内容。

1.4.1.4 共性与个性有机结合的贫困脆弱性金融治理的政策启示及对策建议

这一部分为本书的结论部分。不同民族、不同区域贫困脆弱性表现形式及产生机理不尽相同，脆弱性根源也较为复杂多样。地理位置、自然环境、历史、文化、宗教、教育、交通等因素共同构成了贫困脆弱性的作用因子。

在共性方面，西部民族地区整体作为国家扶贫的重点战场，现有的政府主导的以扶贫开发为主的反贫困行动的反贫困绩效下降趋势不断增强，集中表现为脱贫速度趋缓、返贫率居高不下。因此，保持贫困脆弱性金融治理的高效运行，就亟须通过“上游”干预，构筑贫困脆弱性消减的金融支持体系，构建扶贫、扶智、扶志“三位一体”的贫困脆弱性金融减贫格局来实现。具体来看，需要加大金融对贫困脆弱性地区的教育扶智力度，强化人力资本效应；提升新型农村合作医疗运行中的金融服务质量，增强脆弱性农户的疾病抗御能力；充分发挥金融体系对生态文明建设的杠杆效应，提升贫困脆弱性地区的自然灾害抵御能力；开拓农业保险市场，改善农村金融服务；积极创新金融机构的助学贷款、小额贷款等金融产品，增强农户应对脆弱性风险的平滑能力与自我发展能力；鼓励脆弱性农户参与到以金融信贷为载体的扶贫项目中，以增强其参与市场竞争的能力。

在个性的政策启示及对策建议方面，针对不同的脆弱性现象、脆弱性程度大小及其产生多维缘由，应采用灵活多样的金融减贫方式和支持手段，以实现扶贫经济社会效益的最大化。同时，在具体的金融支持方式上，也应各有侧重。有的民族地区适宜金融产品的创新，有的民族地区适宜金融机构的创新，有的民族地区亟需金融服务环境及基础设施的改善，而有的民族地区则适宜金融全方位宽领域的创新。从实施的时间维度来看，不同区域、不同民族金融治理的时间表也应有所差别。

对策中共性与个性的有机结合最终有助于决策层制定出更为科学合理的扶贫措施，有助于提高西部民族地区的扶贫效率，有助于抑制该区域愈演愈烈的返贫现象，有助于贫困的代际隔离。

1.4.2 研究目标

我国西部民族地区贫困脆弱性问题日趋严峻，如何从广义金融支持的视角出发，最大限度地挖掘金融治理或金融减贫的红利，从而为实现由经济性减贫向脆弱性贫困综合治理转型提供践行思路及具体对策是本研究的目标与价值所在。本书试图以贫困脆弱性的视角研究金融治理现状，通过对西部民族地区的经济金融数据进行实证分析，以期分步达到以下目的：

第一，尽量准确地把握西部民族地区贫困脆弱性金融治理的具体情况；

第二，实证分析西部民族地区贫困脆弱性金融治理的绩效；

第三，在金融治理的现有基础上，结合不同西部民族地区的不同情况，提供一些操作性较强的金融治理措施，以提升西部民族地区金融减贫的整体绩效，从而更好地、更全面地促进西部民族地区的贫困治理及金融发展。

1.5 可能的创新、困难与不足之处

1.5.1 可能的创新之处

1.5.1.1 *研究视角较为新颖，丰富、完善了贫困理论及金融减贫理论*

传统的以贫困线为标准来进行扶贫、反贫的经济性贫困逻辑已经不能满足现实反贫的要求，更为准确合理的标准应当是以脆弱性为核心的贫困脆弱性思想。为了找到防范和消除贫困的新的突破口，有必要从贫困脆弱性的角度提出相应的治理思路，如以金融减贫为手段实现贫困脆弱性的治理等。

贫困的脆弱性视角实际上是将贫困的根源与贫困的救助内在地联系在一起，实现贫困的解释层面与行动层面的统一。贫困脆弱性概念的提出拓展了反贫、扶贫、减贫的视野，贫困脆弱性的解释框架能够在更深层次上挖掘贫困的内涵。

本书将西部民族地区日益突出的贫困脆弱性问题作为研究的切入点，并选择将金融支持作为有效治理贫困脆弱性的手段来研究，将减贫与发展结合起来，提出了基于金融治理的发展扶贫模式的创新，进而为西部民族地区实现内生增长和可持续发展提供实践导向。

以金融支持方式实现贫困脆弱性的缓解及治理，其所赋予的内涵应包括西部民族地区农村的金融支持运作机制、金融产品的创新、金融支持制度供给效率、金融支持政策以及金融支持体系等。从具体的实施层面看，推广各种形式

的小微金融应是西部民族地区治理贫困脆弱性的基本组成部分，且与反贫困体制调整、扶贫资金的投放和扶贫项目管理体制的调整与创新存在密切的逻辑关联。各种小微金融模式的创新，辅之以配套的社会服务体系、自然生态体系、教育科技培训体系和信贷保险体系，在脆弱性人口直接参与金融信贷的过程中，逐步形成激发其自身潜能，增加抵御风险和应对冲击、克制脆弱性属性的发展模式，并相应促进贫困乡村社会关系的重新整合，形成一种建立在经济利益基础之上的互相协作关系，弥补民族地区人际关系的离散型缺陷，维护经济社会发展机制的稳定和协调，最终促进西部民族贫困地区的发展走上扶贫、扶智、扶志三位一体的可持续发展道路。

1.5.1.2　以金融减贫的方式治理贫困脆弱性具有一定的实际应用价值

现行反贫困制度绩效不高的一个主要原因是，制度安排缺乏统一的整体规划和长远的发展行动考虑，仍停留在“单打独斗式”的水平，缺乏相应的配套政策，基本上都是“头疼医头、脚痛医脚”，属于一种应付紧急和异常事件的短期策略。脆弱性分析不但要分析一个地区或群体应该怎样应付某项特定威胁或风险冲击，而且要帮助该地区或群体进入摆脱威胁的动态历程。相关部门之间沟通合作不力、扶贫项目与扶贫资金整合的低效率、农户脆弱性多元成因性以及农户的主体需求被忽略导致了传统开发式扶贫的弊端不断放大，致使相关地区的基层政府和农户都很无奈。突破当前西部民族地区农村反贫困工作面临的这一僵局的有效办法，就是彻底改变当前以“供给型”为基本特征的反贫困制度安排，回归到“需求型”的制度安排上来，回归到农村的脆弱性和可持续生计这一关键着力点上来。基于这些因素考虑，本书尝试构建了一个源于脆弱性多元成因、立足程度测算基础之上、共性与个性有机结合的贫困脆弱性金融治理框架。尽管西部民族地区贫困脆弱性的金融治理只是众多反贫困战略中的一种践行策略，并非治贫的万能之匙，但在一定条件下通过减贫格局、减贫体系的构建来抑制贫困脆弱性进而实现西部民族地区经济、社会发展效益的最大化却具有较大的可行性。

从西部民族地区实情出发，紧紧围绕消减农户脆弱性这一中心，实施一套“上游干预，下游治理”的“组合拳式”的立体金融治理体系，不仅要切实改善农户的生计系统，而且还要有效修复民族地区的自然和社会生态系统，及时关注相应的风险系统，以消减农户的脆弱性。更为重要的是，在战略目标的制定基础上，宜进一步推进西部民族地区反贫困金融治理在市场、政策、机构、制度等领域的调整和改进，建立新型金融扶贫制度以及相应的减贫机制、扶贫模式，要使不同层次、不同类型的贫困脆弱性人口可以在同一时期共同沐浴贫困脆弱性治理所带来的温暖，继而增强西部民族地区贫困人口战胜贫困的信心，从根本上增强西部民族地区人口自我生存、自我积累、自我发展的能力，逐步实现西部民族地区经济、社会、生态等方面可持续发展的目标。

1.5.1.3 研究方法的创新

西部地区少数民族众多，本书在研究方法上运用了调研案例分析、定性研究和定量研究相结合的方法。同时，考虑到样本的可代表性和典型性，本书进行了典型地区的案例分析。在对调研材料进行分类统计和量化处理之后，分别得出不同地区脆弱性系数以便对其分类，找出金融治理的关键因子，从农户个体和地区两个层面观测当前西部民族地区金融支持对贫困脆弱性治理的效果。与此同时，本书并没有孤立、片面地研究金融治理与贫困脆弱性的关系，而是试图结合目前新一轮西部大开发、新丝绸之路经济带的打造、"新四化"同步演进的利好政策或机遇等背景，从经济、社会、文化多方面综合考虑，尝试性地构想了贫困脆弱性金融治理的路径设计，如构建和整合原有的金融支持体系、拓宽金融支持的外延和内涵、实现扶贫模式的转型等。

1.5.2 存在的困难与不足

1.5.2.1 数据搜集及处理的困难与不足

获取西部民族地区的相关数据存在一定困难，尤其是获取本书所研究的贫困脆弱性方面的数据就更为困难，因为农户微观层面的动态面板数据在西部民族地区的获得途径极为有限，除了持续跟踪、实地调研以外，别无他径。同时，由于本书所研究的范围为整个西部民族地区，因此如何尽可能地选择具有代表性的样本也在一定程度上加大了数据搜集工作量。样本数据的搜集、调研问卷的制定都需要经过反复思考、论证，才能让研究具有价值。此外，在脆弱性测度方面，本研究如何在当前相对较为成熟的技术测度办法基础之上引入西部民族地区贫困特点的有关描述性变量也是值得思考的一个问题。要解决这些问题，一方面要尽可能多地查阅国内外文献，总结出有助于本研究的突破点和较新颖的视角；另一方面需多向国内相关研究领域的专家学者或机构请教，比如向西南财经大学中国金融研究中心、家庭金融调查与研究中心的一些较有建树的老师讨教、学习。在数据的来源上可以尝试向一些西部民族地区的高校寻求帮助，以保证样本数据的广度，使研究更有说服力和代表性。

1.5.2.2 实证研究的困难与不足

首先，在实证研究中，脆弱性系数、农户未来福利的概率密度函数的确定较为困难，且由于样本较大，数据的处理程序较为繁杂。其次，由于本研究的数据为西部民族地区自治州、多民族地级市的面板数据，在处理时除开一些常用的软件之外，还需要专门的数据处理软件。再次，在实证分析时，如何确定相应的变量以及地域划分的标准也是本研究的重难点。最后，在建模中由于变量指标的选取、数据的处理等存在误差，有可能存在不显著的结果。

其概念界定为：贫困脆弱性是指个人或家庭面临某些风险冲击的可能，以及由于遭受风险冲击而导致后续福利水平下降、财富损失到某一特定水平的可能性。简而言之，贫困脆弱性即个人或家庭因为遭受到风险或冲击而陷入贫困的概率。

2.1.1.2 贫困脆弱性的分析方法与治理架构

在脆弱性被纳入贫困研究领域并被界定之后，一些学者尝试运用特定的分析方法对其进行更为深入的研究。这其中最具有代表性的是系统分析法与实证测度法。

系统分析法认为，系统是由相互联系、相互作用、相互制约的若干影响因子耦合而成的。根据脆弱性的内涵与外延，贫困脆弱性系统应包括经济系统、社会系统与生态系统三大子系统。这三大子系统相互作用、相互影响，共同为人的综合发展、全面发展服务。三大子系统各司其职，发挥着不同的作用。具体来看，经济系统为社会系统与生态系统奠定坚实的物质基础，社会系统为经济系统与生态系统提供组织保障和智力支持，生态系统作为经济发展和社会进步的环境因素，反作用于经济系统与社会系统两大子系统。而人的综合发展是经济发展、社会进步、生态良好的终极目的，也是三大子系统良性耦合发展的必然结果。按照系统分析法原理，可以对脆弱性系统进行定量评价，如通过构建脆弱性指标，确定贫困脆弱性人群的目标范围、脆弱性程度，就可以提出相应的治理办法或措施。一般而言，学界在衡量经济系统指标时，多以人均耕地面积、人均粮食产量、人均住房等指标描述贫困群体的生产活动，而以人均纯收入、人均消费、人均借贷等指标衡量其生活活动。社会系统指标一般用教育、医疗卫生、社会福利、社会保障、社会治安等进行选择与测量。生态系统一般多以地理地质环境、植被状况、水土状况等指标进行描述。

不同于系统分析法，一些学者利用相关数据的先验信息，借助数学计算或计量方法尝试了对脆弱性进行实证测度。不同的研究者基于自己对脆弱性定义的界定，探索建立了多种不同的度量方法，归纳起来，大致可以划分为三个流派。一是利用家庭福利变动性来度量。例如，Coudouel 和 Hentschel 使用平均收入和平均收入标准差来测度脆弱性。二是使用未来消费（或期望效用）与贫困线（或效用）之差来度量。例如，基于 FGT（贫困指数）的贫困测度，将脆弱性确定为贫困期望值与其现值之差。三是采用陷入贫困的概率来度量。该流派中的 Chaudhuri 提出了一个用截面数据预测贫困性的模型，该模型为解决发展中国家因缺乏时间序列和面板数据而不能度量脆弱性问题找到了一条可行路径。

在理论探索及实证测度的基础上，主要针对发展中国家的贫困脆弱性实证研究和实践运用大量开展，诸多研究机构或学者相继构建了自己的脆弱性治理架构。如世界粮食计划署成功地将脆弱性分析引入紧急援助项目和发展项目，不仅提升了瞄准精度，而且还有针对性地为贫困人口制定降低脆弱性的扶贫措施。世界银行也取得了一批重要成果。如世界银行对埃塞俄比亚的研究反映，自然风险是该国农户面临的主要风险，在阶段性旱灾和牲口疫病面前，农户缺乏实现消费平滑的工具，公共干预的重点应转换到让农户能够获取干净的饮用水、受教育权等方面上来。

伦敦大学 Moran、Caroline（2002）教授认为，传统意义上的贫困是静态的，而脆弱性是动态的，两者差异较大。脆弱性治理框架更应侧重于贫困者抵御风险与损害的能力。Sen、Chambers、Conway（1992）注重对解决贫困的发展方法的研究，提出了独特的 SLA（可持续生计方法）。SLA 的核心是“以人为本”，注重贫困者的贫困治理方案，主张运用 SLA 框架对贫困地区脆弱者的生存、生产状况进行全面系统的研究，同时，政策制定者应将能提高生计维持能力的环节作为扶贫战略的关键节点。在 SLA 的基础上，基于贫困的脆弱性成因，瑞典斯德哥尔摩环境研究所（the Stockholm Environment Institude，SEI）与美国克拉克大学（Clark University）提出了一个更为宽泛的脆弱性 SEI-Clark 研究框架。该框架针对贫困群体提出了一个操作性较强的分析方法，用来预测和分析贫困群体可能遇到的风险和压力。该方法包含了系统法的分析原理，囊括了政治、经济、文化、社会等因素如何作用于脆弱性的分析机制，并提供治理措施和对策建议。Dercon（2005）紧紧围绕脆弱性农户面临的收入风险、福利损失风险和资产风险，尝试构建了一个外部冲击型的脆弱性评估框架，并提出解决信息不对称、市场不完善和非正规制度安排重构是实现脆弱性治理的政策干预着力点。

2.1.2　贫困脆弱性理论的国内评释

受国外学术思想的影响，近年来国内的贫困脆弱性研究也逐步升温。但时至今日，国内关于贫困脆弱性的研究尚处于起步阶段，分析方法与研究领域也多为“西为中用”，未充分兼顾国内不同地区不同阶段的实际应用情况，研究领域大多集中在贫困脆弱性成因、脆弱性特征、脆弱性测度及脆弱性治理办法，并基于脆弱性的视角，较为粗略地提出了关于特定地区或国家层面减贫战略的新设想和实施步骤。

当前，国内对于贫困脆弱性的研究尚处于探索阶段，已有的研究成果之中，大多数学者都集中于脆弱性贫困的成因、测度及影响因素等研究领域（谭学文，叶初升，李伯华等，2013）。韩峥（2004）系统地探讨了贫困与脆弱性的关系，提出脆弱性是我国农村地区贫困的显著特征和稳定脱贫的主要障碍，并建议以脆弱性作为新的切入点开展扶贫工作。胡永和、蒋永穆（2009）以我国日益凸显的城镇贫困现象为视角，深入解析了贫困脆弱性的原因及表现方式，提出了转变传统经济增长方式、健全社会保障制度、投资教育等城镇反贫新思路。郭劲光（2011）以辽宁地区的样本调查县数据为基础，进行了实证研究，创建了干预、缓解脆弱性的减贫总体构架。黄承伟、王小林等（2010）运用贫困脆弱性测度的三种方法，建议在新的减贫战略中建立风险、脆弱性预警机制，将脆弱性纳入贫困监测和分析的范畴以便及时、准确地监测贫困的动态变化。

一些学者还结合某些地区的贫困脆弱性问题，展开了案例研究。如林洪涛、孙浩进（2006）在黑龙江贫困农村地区调研发现，农民应对市场风险的能力还较为有限，难以形成有效的抵御机制，极易引发脆弱性。他们在此基础上提出了发展农业灾害保险、增强医疗服务等应对之策。徐志明（2009）以江苏省李庄村为案例，讨论了农户面临的多种交织风险，如自然灾害、地方流行病、社会不稳定等风险，并考察了用于平衡抵御风险的人力资本、金融资产、社会资产等现状，提出以消除脆弱性为减贫突破口，建立综合扶贫体系、注重人力资源培训和教育等反贫困的若干对策思路。吴海涛等（2015）基于滇西南山区少数民族农户实地调查数据，研究认为当前农户生计正在以单一的粮食作物种植向多元化的经济作物种植“转型”，但交通不便、市场信息滞后严重阻碍了非农活动的拓展，继而导致了抑制贫困脆弱性的生计资本的削弱。

除案例研究外，部分学者利用微观数据对贫困脆弱性及其影响因子进行了详尽的讨论。陈传波（2005）借鉴 Dercon（2001）研究的一个风险与脆弱性分析框架，对来自中国贫困地区 108 户的调查数据进行了实证分析，分析证实，农户面临的风险往往不是单一的，而是多种风险的交织，各种风险对农户生活的影响较为广泛，涉及生活的方方面面。方迎风（2014）以中国农村为例的实证分析也显示：冲击增大了贫困家庭的脆弱性，贫困家庭在面对各种负向冲击时，会自然而然地降低生活消费支出，同时，冲击也会降低贫困个体对技能培训及教育的支出，而拥有金融资产和生产性资产会不约而同对冲击起到缓解作用。王磊、黄云生（2014）以西部地区农村为研究对象，分别从内部基础的薄弱性、对外部环境变化的敏感性、应对能力以及面临风险的损失四个维度对西部农村经济脆弱性特征进行了分解，分解结果表明西部农村经济脆弱性经历了整体强化、先升后降、弱化中存有风险的三个阶段。左停、刘燕丽等（2007）实证研究也表明脆弱性问题是当前贫困群体的基本特征，而小额信贷的特殊作用在于脆弱性风险的防范和缓解，从而减少了脆弱人口陷入贫困的实际可能。

万广华等（2011）基于中国农户面板数据的比较研究，较为精确地测度了我国农户的贫困脆弱性并提供方法借鉴。在此研究基础上，万广华、刘飞、章元（2014）研究更为深入，利用1995—2005年山西、山东两省农户调查数据，在国内首次尝试从资产视角来综合研究贫困脆弱性、慢性贫困和暂时性贫困问题。实证结果表明，从资产的角度看，我国农户尤其是贫困农户应该积累更多的物质资本、人力资本、金融资本与社会资本，不仅如此，还需提高资产利用率，从而降低其贫困的脆弱性。陈贻娟、李兴绪（2011）借鉴Chaudhuri等（2002）的脆弱性研究框架，采用了云南省红河哈尼族彝族自治州277个自然村的调研数据，以分组的形式对当地的脆弱性进行了测度并归类，分析结论充分说明该区频发的自然灾害、农产品价格波动是农户致贫、返贫的重要因素，但致贫的区域差异较为明显。在此基础上，他们提出在扶贫开发政策的制定中重视社会保障，提高农户的市场参与能力等政策建议。姜江、马建勇、许吟隆（2012）以宁夏地区为例，运用灰色系统分析方法探讨了农村贫困与农业灾害脆弱性因子之间的关系，结果表明二者高度正相关，提出发展当地经济、增加农民就业机会、增加宁夏地区适应气候变化的投入等几点建议。同样，贺祥、熊康宁（2014）也运用了熵权灰色关联分析法，将贵州岩溶山区人地关系系统中的各评价指标综合对应分析，表明生态环境脆弱性、生态承载力等对农村贫困脆弱性有强烈胁迫性，同时，良好的区位条件与完善的社会保障体系对农村地区贫困脆弱性治理具有显著“疗效”。伍艳（2012）以四川藏区扶贫重点县为样本，着重研究了该地区农民生产生活状况。研究发现：贫困地区生计资本普遍薄弱，家庭资产积累水平低下。在此基础上，她利用LISREL8.7模型验证了民生脆弱性各变量间的路径关系以及影响效应。检验结果认为：农户社会资本对农户纯收入有正向促进作用，农户受教育程度与农户社会资本、收入均存在显著的正相关。基于检验结果，她提出政府和金融机构需发挥合力，运用多种扶贫手段帮助农户增收，从而缓解贫困地区的民生脆弱性。

近年来，一些学者在贫困脆弱性实证研究中采用了CHNS数据（该数据全名为中国健康与营养调查，即China Health and Nutrition Survey，由中国疾病预防控制中心营养与健康所和美国北卡罗来纳大学联合采集），得出了一些有益的结论。如邹薇、方迎风（2013）采用了 CHNS 数据分析了贫困脆弱性与人力资本投资、疾病侵袭的关系，结果显示，贫困人群对疾病侵袭的敏感度较高，一旦遇到健康冲击，最易陷入脆弱性状态。杨文（2012）也采用了 CHNS 的数据，分析了学界热议的社会资本与贫困脆弱性之间的关系，研究表明农村地区人情交往成本上升势头明显，以人际交往支出费用为代表的社会资本对脆弱性的降低有显著的促进作用。熊娜、陈池波（2013）提取了辽宁、贵州等南北 9 省区的 CHNS 样本进行实证研究，实证得出财政扶贫资金对贫困脆弱性缓解作用十分显著，而人力资本与社会资本的协同减贫作用亦十分突出的结论。孙颖、林万龙（2014）利用 CHNS 2006 年和 2009 年的数据得出的实证结论进一步拓展了脆弱性的外延，分析表明，家庭收入水平、市场条件等因素是影响农村家庭营养脆弱程度的重要因素。他们还在模型分析的基础上测度了我国农村家庭的营养状况，测度结果显示营养脆弱性测度可较为精确地预测大部分家庭未来的营养状况。

综上可以看出，定量测度与实证研究贫困脆弱性的影响因子已是学界探讨的热点话题，可以预判，在研究贫困脆弱性致因基础上，深度剖析脆弱性的综合治理之策必将是未来理论界与实务界关于贫困脆弱性研究的重点与难点。

2.2 贫困脆弱性金融治理的相关理论

2.2.1 金融治理的理论基础

纵观国外研究成果，从宏观、微观层面直接研究贫困脆弱性金融治理的理论极少，大部分都是基于金融深化、金融发展等较为成熟的理论体系，展开了金融发展、金融支持与贫困缓解、治理二者关系的探讨，并且这方面的研究成果丰硕。脆弱性作为贫困的一种特定形态，同样适用于贫困领域相关权威、高认可度的学术成果。同时，金融治理、支持的过程也是金融自身发展和完善的过程，因此，可以对金融发展与贫困治理的关系进行系统梳理并为本研究提供理论基础。金融发展与贫困治理的关系到底如何？贫困脆弱性的金融治理绩效又是怎样？对于此类问题，由于研究者所使用的样本和方法的差异，所得出的结论也不尽相同。

2.2.1.1 金融发展与贫困治理的“倒 U 形”关系

该观点是具有代表性的一类观点。该观点的主要看法是金融发展会影响社会各阶层的收入分配结构。与库兹涅茨倒 U 曲线原理类似，金融在影响城乡居民收入分配结构的同时，还会间接地波及贫困者的日常生活。与收入分配与经济增长存在的倒 U 形关系类似，金融发展与收入分配也呈倒 U 形关系。通过收入分配的传递原理，金融发展与贫困治理也存在此种关系。Greenwood 和 Jovanovic（1990）是这一观点的权威代表。他们的研究表明，当一个国家或地区处于经济增长与金融发展正相关的阶段时，金融发展是“嫌贫爱富”的，会造成社会两极分化，但随着社会经济整体实力的增强，金融服务可获得性将不断提高，更多的人将会享受到金融服务，金融服务的“涓滴效应”将会惠及更多的群体，贫困阶层与富人阶层能否从其享受的金融服务中获益，取决于其为获得该金融服务所承担的成本大小。在社会经济水平整体偏低时，富人相对于穷人更易获得金融机构的青睐，而穷人由于无力承担享受金融服务所付出的额外成本，因此将无法获取更多的高收益生产项目，继而导致贫富差距拉大，“马太效应”凸显。但随着社会整体经济水平提高，穷人的支付、承担能力增强，此时金融发展给予了穷人更多的脱贫机会，有利于贫困群体积累更多的物质资本、金融资本等可平滑风险的生计资本，有助于培养贫困者自我发展、自我积累、自我“造血”的能力。

Aghion 和 Bolton（1997）对 Greenwood 和 Jovanovic 的研究结论进行了润色。在一个市场体系不完善的社会里，人们在进行投资活动时通常会考虑是否要以借贷的方式寻取“暴富”的机会。在进行抉择和判断时，贷款成本往往成为各个阶层权衡的主要因素，一般而言，当利率水平较低，贫困群体会选择贷款的方式进行投资活动，反之，则放弃贷款意愿。同时，他们研究还认为收入分配机制对社会贫富差距的影响只具有暂时性作用，不具有长效性。Lloyd-Ellis 和 Bernhardt（2000）认为尽管创业可能是摆脱贫困的一种主动出击的有效方式，优秀的贫困人群可以凭借其聪明才智改变贫困的原始状态，但由于个人素质及原始财富的不同，并非每一个有意愿创业的人都能获得成功，如果仅仅是因为缺乏创业资金而不得不借助贷款方式盘活创业计划时，那么在借贷双方信息不完全、不对称的情况下，穷人就需提供满足一定标准的抵押物或担保物，从而使得本就拮据的贫困群体雪上加霜。但随着市场的开放和社会不断进步，贫困群体具备的有效抵押物不断增多，个人综合素质就成为创业成功与否的决定性因素。因此，当这样的情形出现时，也意味着社会中综合素质较高的企业家“出彩”的可能性大大增加，此时的社会收入分配结构就会呈现明显的倒 U 形；反之，收入分配结构会出现不规则变动。

同样，Matsuyama（2000）得出的结论与上述学者的研究结果如出一辙。他认为金融发展的不同阶段对贫困治理效果截然不同，当某一地区金融发展水平滞后时，社会的贫富分化现象一般较为严重，而当金融水平不断提高，富人所进行的投资活动会不断增多，此时投资所带来的“溢出效应”无疑会惠及更多的贫困群体，客观上有助于缓解贫困群体的脆弱性窘境。此外，当借贷活动增多，利率水平上升，此时的贫困群体可以以较高的利率把自身相对“剩余”的资金放贷出去，从而获得高利息收益，最终有助于缩小贫富差距，这也在一定程度上验证了 Kuznets（1995）提出的倒 U 形理论。Townsend 和 Ueda（2003）通过建立目标效用函数，进一步填充了 Greenwood 和 Jovanovic（1990）在数理分析方面的空白。数理分析结果显示，短期来看，尽管贫困者无法获得与其需求相匹配的金融服务，但随着社会集体财富的增加，逐利的本性会激发其冒险投资于一些高收益高风险的项目或生产技术，而一旦成功，将有助于其脱贫，削弱其自身的脆弱性属性。Chakraborty 和 Ray（2007）认为，基于道德风险理论，大部分穷人在一开始只能充当产业工人的角色，此阶段金融服务只会让那些获得金融服务的富裕群体获益，从而助长了社会的贫富差距。但随着经济不断发展，越来越多的投资机会涌现，此阶段相对贫困的群体便有了多余的抵押物，此时如果这部分人具有企业家才能，就可以较为容易地获得所需的创业起步资金以从事投资生产活动，从而有助于提高穷人的收入水平，抑制社会两极分化。

2.2.1.2 金融发展与贫困治理的正、负相关性

一些学者利用实证研究得出的结论与 Greenwood 和 Jovanovic（1990）的研究结果差异较大，甚至相违。譬如，Li 等（1998）、Becke（2004）实证研究的结果就表明，虽然金融发展可以在一定程度上减轻贫困程度，但二者的关系并非如 Greenwood 和 Jovanovic（1990）所述的倒 U 形关系，而是呈线性关系的。Li 等（1998）利用 49 个国家（这些国家既有欧美的发达国家，也包括亚非、拉美地区的欠发达国家）1947—1994 年的面板数据，实证分析了金融发展对贫困的治理作用高于了其对经济的推进作用。同时，金融深化可以明显降低基尼系数，增收效果明显。当金融发展每增长一个标准差，获得有效金融服务的社会贫困者就会增收 3 000 美元，而同期富裕群体仅增收 1 600 美元。此外，金融服务还具有明显的脆弱性治理效应，原因在于带有普惠性质的金融服务消除了贫困家庭的信贷约束，满足了其在教育、医疗等社会方面的消费支出，如此便有效抑制了贫困的脆弱性。Dollar 和 Kraay（2001）等也证明了金融对贫困的治理作用，只不过该作用的发挥取决于有效的经济增长方式，而在有效经济增长方式前提下，无论经济增长是负增长还是正常的增长，都有利于减缓贫困，金融支持有利于贫困治理。因此，便谈不上金融发展促进了经济增长却没

有改变穷人贫穷宿命这一定性结论。Jalilian 和 Kirkpatrick（2002）利用拉美 18 个发展中国家的面板数据再次验证了金融发展对贫困治理的正向线性关系，即金融效率每提高 1%，发展中国家贫困人群的收入将会增加 0.4%。在低收入国家，结合到这一研究结论，决策层可考虑将金融扶贫项目的“外溢效应”作为反贫困实践的关注重点。之后，Jalilian 和 Kirkpatrick（2005）扩大了实证研究样本，利用了包括 26 个欠发达国家在内的 42 个国家的数据，同样得出了金融发展与贫困治理存在着线性正相关的结论，认为当经济发展到一定程度，完全可以实现金融助推经济发展继而实现贫困治理的发展模式。

Clark、Xu 和 Zou（2003）利用全球 91 个国家的面板数据重点验证了银行等金融中介的规模与效率对贫困的治理绩效，结果表明金融服务的便利性与可及性对贫困群体脱贫具有决定性意义。Honohan（2004）以私人贷款/GDP 作为金融治理指标，利用跨国数据，着重分析了金融发展与贫困减缓的关系，实证发现，金融治理指标每提高 10%，贫困率将下降 2.5%~3%。同样，Demirguc-Kunt 和 Levine（2007）以 58 个欠发达国家 1980—2000 年的面板数据为实证研究对象，结果同样表明，金融中介的发展有助于提高穷人的收入水平，基于该结论，他们提出金融中介发展较好的国家或地区可以考虑更大幅度地促进贫困群体的收益增加，从而快速抑制贫困。在金融中介发展有助于减缓、治理贫困的研究结论的基础上，Jeanneney 和 Kpodar（2005，2008）构建了包含金融波动、通胀率等贫困金融减缓模型，他们以 M3/GDP 和信贷规模/GDP 两个指标衡量金融发展水平，分别利用全球 75 个国家 1966—2000 年的面板数据进行估计，结果显示，以 M3/GDP 衡量的金融发展具有利贫性，但信贷规模/GDP 指标并不能得出一致的结论。在对结论产生怀疑的情形下，他们进一步验证了 McKinnon（1973）提出的“涓滴效应”，验证结果进一步深化了 McKinnon 的研究成果，表明随着金融发展，穷人获得金融服务的机会增多，穷人摆脱贫困的可能性在不断增加，但是易受到金融波动的冲击，尤其是当遭遇大规模的金融危机、金融海啸时，穷人便可能成为更加弱势的一方。这一结论得到了 Daly 和 Akhter（2007）的验证。

一些学者还从微观层面探讨了金融发展对贫困治理的影响，并初步涉及贫困脆弱性金融治理的问题。对于小微金融对贫困治理的贡献作用的讨论，学术界称之为“微观金融学”（Matin，Hulme & Rutherford，1999）。譬如，Joalme Ledgerwood（2000）认为小额信贷就是针对贫困低收入群体的一种金融服务。Park、Ren 和 Wang（2004）对比研究了由中国政府提供的小微金融服务和非政府组织提供的小微金融服务两种金融服务效率，结果表明由非政府组织提供的金融服务对贫困有较为明显的减缓及治理作用，且可持续性较强。Honohan（2004）实证也表明更深层次的微观金融体系有利于降低绝对贫困。贾兰、拉瓦里恩（1998，2000）利用中国广东、广西、贵州和云南四省份的面板数据，讨论了中国农村两大贫困类型——暂时性贫困与持久性贫困的影响因素及差异性，结果发现受教育水平与人均金融资本标准差对贫困时限长短具有决定性影响，这为贫困脆弱性的综合治理提供了金融支持目标导向。Barr（2005）研究认为微型金融可以直接有效地为贫困群体提供小额信贷、保险、储蓄等便利的金融服务，这些“便民”服务的获得有助于优化穷人的生存环境；作为有效抑制贫困的方法与政策手段，微型金融不仅能促进金融市场日趋完善，还有助于经济发展和贫困的减缓。Baulch 和 McCulloch（2009）在巴基斯坦农村调研发现，构建发达的农村金融体系可以减小暂时性贫穷的概率，同时，小微金融有助于分散经济风险，促进经济发展，提高贫困群体的收入水平，这也为贫困脆弱性的治理提供了极为重要的借鉴意义。①

另外一批学者扩展了金融发展与贫困治理的内涵。譬如，Claessens 和 Feijen（2006）专门探讨了联合国千年发展目标的金融支持效应，检验结果显示较高的金融发展水平与金融供给渠道的多元化有助于贫困者摆脱其弱势地位，有助于减轻营养健康不均衡的脆弱性现状，同时还有助于改善贫困者的健康状况、教育水平及社会性别歧视。这一结论进一步拓展了贫困脆弱性的金融治理边界。世界银行（2001）也认为，金融服务获得的便利性尤其是保险服务、信贷服务的获得有助于夯实贫困人口的生计资产，提高生产效率，从而增强抑制脆弱性的动能。Beck、Demirguc-Kunt 和 Levine（2007）利用跨国面板数据实证分析了贫困减缓、经济增长与金融发展三者之间的关系，结果发现金融发展具有叠加效应，一方面对经济增长具有直接促进作用，另一方面还能有效降低贫困率。同时，在对金融发展对经济增长的贡献份额进行分解之后，可以发现，金融发展只有 60%是直接作用，而剩余的 40%是通过缩小社会贫富差距而间接促进经济增长的。Akhter 等（2010）利用 54 个发展中国家的面板数据，构建了金融波动与金融发展的贫困治理模型，该模型选用了向量分解的办法，探讨了金融波动与金融发展的关系，结果表明稳定的金融体系更具减贫基础。

随着金融治理贫困的作用越来越受到重视，在实证研究中，学者们不再拘泥于实证领域较为流行的跨国面板数据，特定国家或特定地区的时间序列数据

---

① 参考了郭劲光的《脆弱性贫困问题反思、测度与拓展》一文的内容.

或截面数据也受到了越来越多的关注。比如，Burgess 和 Pande（2003）的研究利用了印度 1977—1990 年农村金融机构的时间序列数据，实证结果得出，农村地区金融机构规模每增加 1%，绝对贫困人口就会减少 0.34%。Ang（2009，2010）也同意这样的观点，他以银行密度作为地区金融发展的替代指标，结果发现银行密度的增加有助于贫困人口的减少。Husain（2004）讨论了巴基斯坦农村地区金融机构改革绩效，结果认为农村地区金融发展为广大贫困者提供了享受金融服务的机会，从而为金融减贫提供了可能性。Quartey（2005）以加纳为例，发现金融行业的发展不是居民储蓄的格兰杰原因，但却是加纳贫困人口减少的重要原因。Geda 等（2006）同样以非洲样本——埃塞俄比亚 1994—2000 年的时间序列数据为实证对象，研究结果证实金融对平滑贫困群体的生活消费意义显著。Jiang 和 Yan（2006）基于灰色关联矩阵法重点分析了民间借贷对我国贫困减缓的影响，结果显示民间金融减贫作用明显，因此建议优化农村经济结构，完善民间金融市场，从而发挥金融减贫的最大效应。Ho 和 Odhiambo（2011）也采用中国改革开放 30 余年的时间序列数据为研究对象，分别以 M2/GDP 和私人部门贷款/GDP 两个指标作为金融治理的替代变量，结果显示贫困金融治理作用较为明显，且二者互为因果关系。Bittencourt（2006，2009，2010）对巴西的贫困金融治理现状予以分析，他认为立体化、复合型的金融体系更有助于贫困人群积累生计资本。Odhiambo（2008，2010）采用肯尼亚 1968—2006 年的动态数据讨论了金融发展与贫困治理二者的关系，结果表明肯尼亚的金融是利于减贫的，而无论时间长短。此外，Odhiambo（2009）对南非的研究也得出了类似的结果。

上述这些研究，有的是以宏观层面一个国家或地区的金融治理指标进行分析，有的立足于微观视角探讨了小微金融、民间借贷的减贫效果，研究所依赖的样本多为跨国或跨地区的面板数据或特定国家的时间序列数据，研究方法一般为计量经济学方法，尽管样本差异较大，但实证分析得出的结论大同小异，即金融发展有利于贫困缓解及治理，只是影响程度与时间维度存在差异。

但并非所有学者都同意这样的观点，一些学者得出的结论恰好与其完全对立。这类观点具有代表性的是 Banerjee 和 Newman（1993）、Ravallion（2001）等人的研究，他们的观点认为金融发展不但不利于减贫，而且加深了贫困程度。理由在于经济发展与收入分配结构对贫困的治理作用因国情不同而差异显著，当一个国家收入分配体系不完善，金融发展所带来的经济增长不足以改善贫困群体的生活面貌，反而对贫困治理产生阻碍作用。Ranjan 和 Zingales（2003）认为金融发展有利于促进贫困治理需满足这样的前提条件，即所在地区金融体系竞争有序、开放度较高。但是，在相对封闭、垄断的金融体系下，通过金融服务而获益的只能是富裕群体。同时，亲朋好友间的借贷往往是贫困者获得资金的唯一途径，在一个民间金融地位模糊、法定边界不明确的社会里，尽管金融减贫效应具有局部影响力，但其风险与负面影响也是不可忽视的重要因素。

Arestis 和 Cancer（2004）以全球金融自由化浪潮为背景，分析了欠发达国家金融发展与贫困治理呈负向关系这一现象，他认为两者之所以呈负向关系，原因在于落后国家由于金融体系发展较为滞后，金融资源错配现象普遍，错位的结果就会导致穷人更穷，富人更富。Haber（2006）等人提出，在与政治相关的金融体系下，金融体系越发达，更多的金融资源越可能流向权贵阶层，而这将不利于金融对贫困治理作用的发挥。Canavire 等（2008）用数据验证了这一看法，他以拉美和加勒比海国家为研究对象，证明了金融发展并不能提高贫困者的收入水平。Odhiambo（2010）采用自回归分布滞后（ARDL）边界检验法，分析表明贫困减缓与金融治理存在因果关系，但这受金融指标选取的限制，不同的金融治理指标，所得出的结论完全不同。这一点与 Ho 和 Odhiambo（2011）对中国贫困金融治理的研究结论较为相似。

不仅如此，在微观研究领域，一些学者也质疑了金融服务对贫困的正向治理作用。如 Holden 和 Prokopenko（2001）就提出在偏远落后地区，正规金融机构要设立新的分支机构，除考虑盈利因素外，还需考虑经营成本、文化习俗等经济社会因素，而这些偏远地区由于金融服务成本偏高，鲜有贫困人群能承担高昂的金融服务交易成本，因此，金融服务往往与贫困者无缘，此阶段的金融发展不利于减贫。Park、Ren 和 Wang（2004）系统地剖析了中国 1994 年所进行的微型金融改革绩效，分析认为微型金融对中国贫困的治理具有潜在效应，但因地区而不同，有的地区呈现明显的正向促进作用，而有的地区则减贫效应甚微，甚至是加深了贫困程度。

2.2.2 金融治理的作用机制

2.2.2.1 经济增长的作用机制

地区经济发展带来的社会整体进步是贫困治理依赖的外围环境，而经济增长带来的“涓滴效应”则是贫困者实现减贫的重要传递机制。这一结论得到了众多知名学者的赞同（King & Levine，1993；Holden & Prokopenko，2001；Honohan，2004；Jeanneney & Kpodar，2005，2008）。他们认为，随着市场的自动调节作用发挥，经济增长无疑会为贫困者提供更多的就业岗位，会促进贫困地区基础设施的改善，会带来更多的教育培训机会，最终会使贫困群体获益。

持经济增长作为贫困脆弱性金融治理重要作用机理之一的观点主要集中于两个方面：一是“涓滴效应”，二是利贫经济增长（pro-poor growth）。Todaro（1997）认为一个国家即便在短期内经济增长不能惠及贫困群体，但随着中产阶级队伍的壮大和财富的阶层传递，最终可以实现贫困人群脱贫；在发展中国家，政府可通过补贴、失业救济等方式对财富进行再分配，从而助于贫困问题的解决。但值得注意的是，初始收入差异可能会大大弱化“涓滴效应”的发挥，形成“穷者越穷，富者越富”的两极分化格局。在一个国家中，穷人和富人都会不同程度地分享经济增长带来的收益，但是二者分享的比例是不一样的，只有穷人获益的比重提高才会对社会贫富差距的缩小产生积极影响。因此，学界所提倡的“利贫”增长便引起越来越多的人的关注。所谓“利贫”，简而言之就是指穷人比非穷人获得更多的经济增长带来的收益。Ravallion 和 Chen（2004）根据基尼系数和 Watts 贫困指数模拟了一个增长发生曲线（growth incidence curve），分段对中国 20 世纪 90 年代各阶段的经济增长性质进行考评，考评结果表明中国在 1993—1996 年的这段时期，经济增长对贫困治理作用最为显著。Son（2004）根据贫困增长曲线（poverty growth curve）的定义，利用泰国的数据样本进行了检验，检验发现贫困增长曲线能有效解释利贫的概率为 80%。Kraay（2006）指出，一个国家的贫困者即便在经济增长中所分享的收益比重低于富人，但这个国家的经济增长属性仍有可能是利贫增长。以中国改革开放为例，多年来尽管城乡居民收入差距在不断拉大，但不可否认的是，随着多年扶贫活动的开展，农村绝对贫困人口已大幅减少，这显然是一种利贫增长。

经济增长所带来的“涓滴效应”和“利贫”属性推动了贫困治理系统工程的展开，但其实现对贫困减缓则需要具体的传递方式，如收入水平的提高、就业机会的创造和收入分配结构的优化等。

（1）收入水平的提高。较高的收入或消费有助于贫困的治理（Fields，2001）。对于一个国家或地区而言，高的经济增长率可以带来税收的增加，而税收的增加可以增加政府在教育、医疗卫生、环境保护等领域的财政支出，这些领域的公共产品属性无疑会增加贫困人口抑制脆弱性的动能。同时，由于资本的“滚雪球”效应，充裕的民间资本也为穷人获得资金供给提供了可能性，从而有助于帮助穷人扩大再生产，改善拮据的生活水平。

（2）就业机会的创造。如果一个国家或地区的经济繁荣，其投资、消费、贸易等活动也会呈现欣欣向荣的发展态势，经济增长会促进各种项目的增加和中小企业的发展，而中小企业作为吸纳就业人员比重最大的阵地，可以为贫困群体提供更多的就业机会和增收机会。此外，高经济增长率还可使穷人获得更多的人力资源培训，从而增强自身生存技能，克服脆弱性特质。

（3）收入分配结构的优化。Alesina 和 Rodrik（1994）最先指出了收入分配结构的优化有助于贫困治理，其简单做法即降低初次收入对贫困者的影响。由于大部分赤贫阶层都缺乏谋生必需的生计技能，因此，缩小技术与非技术劳动力的工资水平是贫困治理的一个“治标”办法。尽管经济增长到底能否影响收入分配结构还存争议，但是由洛伦兹曲线量化的平均收入水平变化所产生的分配效应，仍在一定程度上具有解释贫困动态变化的说服力。

虽然经济增长具有贫困治理作用已成为学界的共识，但这并不意味着经济增长是解决贫困问题的万能钥匙。贫困治理需要经济增长作为前提条件，但更需要包容的外部环境、包容的经济增长方式——尤其是对赤贫阶层的包容性，这就意味着只有“利贫增长”才能有效降低先天不平等所带来的参与制约，为此，利贫增长现已成为决策层与学界热烈讨论的话题。

2.2.2.2 收入分配的作用机理

一部分学者提出金融发展减缓贫困的作用的发挥，还依赖于收入分配的作用机理（Bigsten & Levin，2000；Ravallion，2001）。目前学界涉及收入分配与贫困治理二者关系的研究较少，更多的是将收入分配作为变量，分析其与经济增长、金融发展的关系。部分文献已对三者关系做了较为详尽的描述，普遍的看法是收入分配可以直接作用于贫困减缓及治理，一个社会各阶层收入差距的缩小，保障了初次分配的相对公平，有助于贫困纾解。如 Ravallion（1997）研究认为，在其他条件既定的情况下，如果一个国家或地区的收入分配差距较大，那么往往意味着贫困者所具备的财富与物质资本、金融资本更少，而缩小不同阶层之间的收入差距，有助于抑制社会贫富分化的态势。另一部分学者则强调经济增长与收入分配的协同效应，他们认为二者的协同效应可以更加清晰地阐释收入分配对贫困治理的作用机理。我国学者林伯强（2003）是这一观点的代表者，他认为在经济速率一定的情形下，收入分配的均等化有助于降低贫困率，反之则会拉大贫富差距。

一般而言，收入分配影响贫困减缓及治理的主要作用因子为收入水平和经济增长。在一个不健全的金融体系里，信息不对称将影响信息获取处于弱势的一方职业规划、生产活动的统筹安排，甚至影响其生活消费、人力资本的培养状况等。因此，从源头上优化不合理的收入分配结构，有利于增强人力资本投资预期和实物资本，从而利于解决贫困难题。另外，众所周知，收入差距过大将不利于经济增长，从而制约反贫困进程。更有甚者，收入差距过大还会引发激烈的社会矛盾，扩大社会冲突，破坏生产投资活动，降低投资效率，最终阻碍正常的经济增长。收入分配、经济增长与贫困治理三者错综复杂的关系，导致了减贫策略与导向制定的困难。

2.2.2.3 金融服务的直接作用机制

经验表明，贫困者对金融的诉求通常非常强烈和急切，甚至与富人相比是有过之而无不及，而金融深化、金融发展促进了个人与企业金融服务可获得性的增强（Beck，Demirguc-Kunt & Levine，2007）。针对贫困群体多元化的金融需求而设计良好的金融扶贫产业予以匹配，有利于降低金融交易风险和交易成本，从而增强贫困者的自我积累和自我发展能力，完善自我造血机制，最大限度地抑制脆弱性的蔓延。

享受直接的金融服务是金融减贫的应有之义，也是金融扶贫的重要作用机制，显然，从孟加拉等国的金融减贫成功案例可以看出，因时制宜地为贫困者提供其所需的金融服务对贫困的治理意义重大。原因在于，贫困群体财富资源、生计资本有限，大部分又生活在自然条件恶劣，基础设施薄弱的地区，他们往往更渴求改变现状、改变贫困命运的机会，更渴求增强自身应对自然灾害、健康风险、经济波动等负向冲击的生产、生活平滑能力，提升脆弱性抑制动能。丰厚的社会资本、雄厚的人力资本、扎实的物质资本均对自然、经济的各种风险具有良好的抵御平滑功能。基于此观点，一些学者（Simanowitz & Walter，2002）提出应赋予妇女权力，帮助妇女、残疾人等弱势群体减贫，大力发展教育、医疗卫生、计划生育、营养等领域的公共基础设施，增大对这些领域的金融资源投入，以间接实现贫困的治理，而这也是贫困脆弱性金融治理的应有之义。

2.3 对民族地区贫困脆弱性金融治理的探索

2.3.1 国外特定地区或“民族地区”的相关研究

在对特定地区或“民族地区”贫困脆弱性金融治理问题所进行的探讨过程中，国外文献并未直接涉及，而多是以金融支持的视角关注特定地区或“民族地区”的贫困状况。譬如在美国，文献中常见频率较高的词汇是少数群体（minority），其含义是特指那些与普通国民权利不平等、歧视色彩浓厚的群体，如黑人、残疾人及其他裔美国居民。大量研究和经济社会发展表明，仅靠市场的力量对于促进少数群体的脱贫，其效果往往杯水车薪。Porter（1995）指出，在市中心，少数群体居住的比例可能更高，因为富有的白人一般倾向于定居环境优美的近郊，而少数群体需要依靠大量的中小企业维持生计，而这些中小企业带有明显的少数群体禀性，相应的金融服务也主要由少数群体银行（minority banks）供给。据此，针对少数群体的金融服务常以少数群体计划（minority programs）展开实施。Coleman（2008）针对美国2003年中小企业财务状况的调研发现，法定代表是黑人群体的公司（black-owned firms）无论是在数量上还是在对提供就业岗位等社会价值创造方面都扮演着愈来愈重要的角色，特别是其在社区单位所发挥的作用更为突出。Bristow和Munday（2005）重点分析了威尔士金融结构与商业结构的匹配问题，他们认为无论是商业实体部门，还是金融虚拟部门，都存在着结构化效率低下的问题，且二者结构不匹配，发展不均衡态势明显，这导致了威尔士经济的持续疲软，继而影响了弱势群体的劳动就业。而来自国际货币基金组织（International Monetary Fund）的一份报告显示，从全球实际情况来看，尽管金融发展对贫困治理具有阶段性特征，但不能否认的一点是，地区金融发展对贫困的终极治理具有明显的推动作用，因此，各地区更应关注金融自身的发展水平。Galindo、Arturo和Miller（2001）研究了拉美各国金融发展与公共征信系统之间的关系。结果显示，良好的社会信用体系与完善的征信系统对金融发展具有促进作用，金融发展又会对实体经济及小微企业产生明显的扶持作用，继而带动更多的社会底层民众脱贫致富，一旦拉美各国拥有了同美国一样的征信系统，那么拉美本土企业、民族企业无疑也将深受裨益。

2.3.2 国内民族地区的典型调查与个案研究

由于贫困问题常常与民族问题相互交织，加之民族地区尤其是西部民族地区是我国反贫困的“主战场”，因此国内从民族地区视角来研究贫困和反贫困的成果较为丰富。在金融支持、金融发展对贫困治理具有正向推进作用的国内主流观点导向下，部分学者以金融减贫的效率为视角，具有扩散性地讨论了一些民族地区典型的金融反贫困实践活动，更有个别学者初步探讨了贫困脆弱性治理与金融支持的关系。

梁平（2005）、中国人民银行成都分行课题组（2006）探析了民族地区金融制度的绩效，发现该区域与其他地区相比，金融支持效率明显偏低。张希钦（2010）对西部少数民族地区的金融发展与创新进行了案例分析。李文瑞（2012）以甘肃为例，重点剖析了扶贫贴息贷款、妇女担保小额贷款等扶贫模式。李卿（2014）以四省藏区金融扶贫为研究对象，发现这一特殊区域在金融减贫过程中存在着金融供给增量不足、存量金融服务效率低下、金融生态环境堪忧等问题，提出大力推进农牧区金融产品和服务方式创新等建议。薛书明等（2014）调研发现，近年来甘肃临夏回族自治州围绕“三农”抵押物缺失等金融支持难题，将贫困县区的金融需求作为金融产品创新的突破口，先后引导金融机构开发了“惠陇通”等10多个实效性较强、因地制宜的信贷产品或服务，直接和间接受益农户超过3万户，开创了一条极富地域特色的金融减贫之路。

木晓琳（2013）对云南迪庆藏族自治州金融反贫困绩效进行了规范性分析，分析表明金融发展对该区域的整体扶贫有一定的推动作用，但随着新型城镇化的不断推进，日益增长的涉农金融资源需求与金融供给严重脱节，巨大的扶贫资金缺口与金融减贫效率的低下成为该地区脱贫的主要障碍。针对这些问题，木晓琳提出拓展金融产品种类、完善农村保障体系继而提高金融治理的效率。董加相（2014）以普惠金融视角下的云南西双版纳傣族自治州为例，实证分析得出小额信贷、扶贫贴息贷款对促进边疆少数民族地区贫困群体减贫增收具有显著效果。不限于此，一些学者更进一步重点剖析了影响金融反贫效率的作用因子，如王晓东等（2013）对新疆喀什、和田等南疆民族贫困地区金融扶贫活动展开了典型调查。调查发现这一区域贫困程度深、脆弱性特征突出，同时同质的产业结构与虚高的金融服务成本制约了金融反贫的绩效。金融扶贫政策作为影响金融减贫效率的重要因素，其作用需要被正视。巫志斌（2013）研究认为金融扶贫政策错位、民族县域地区信贷投向失衡是广西29个石漠化集中连片特困民族自治县金融减贫效率低下的原因，按照金融治理的传导原理，建议以差别化金融治理思路解决这一实际难题。同样，常艳华（2013）对武夷山民族片区的金融扶持政策开展了专项调研，调研发现该片区金融扶持政策的实施缺乏有利的载体，并且既有的扶贫政策与武夷山域情存在严重的结构性矛盾。针对以上问题，常艳华设想了出台差异化的倾斜政策辅之以相关配套措施的破解之法。林建、廖杉杉（2014）在剖析财政金融政策减贫理论的基础上，以广西、宁夏、西藏、内蒙古、新疆五个民族自治区的18个地级市1999—2012年的相关数据为实证依据，重点讨论了省域层面我国民族地区的财政、金融扶贫效益。结果表明：民族地区财政政策、金融政策联动效应明显，联动作用的发挥对于缓解民族地区贫困状况意义深远；同时，民族地区财政政策扶贫绩效高于金融政策扶贫绩效，且财政政策对金融政策具有明显的干预作用。

小微金融作为一种接民族地区地气的反贫困金融支持模式，近年来其相对高效的金融扶贫效率及良好的贫困治理效果引起了学界及地方决策层的高度关注。余艾力（2011）以云南民族贫困地区金融扶贫为例，对比优选了其中较好模式——龙头企业带动模式进行研究，深入分析了龙头企业带动模式的运作方式和效果，全面阐述了该模式对农村、农户、政府、金融机构及龙头企业本身的促进作用，并就微型金融扶贫中龙头企业带动模式的发展前景作了相关探索。鞠国华（2013）认为吉林安图县以村级扶贫互助社充当“毛细血管”的“炕头金融”模式根植于农村基层，服务了民族贫困地区的广大农民，成为解决“三农”金融困境的一个亮点。同样，甘肃临夏州自2013年伊始在全州成立的1 000个村级产业发展互助社以帮扶贫困户为重点，在有机整合政府财政扶贫资金的同时，为贫困农户提供了更为便捷有效的金融服务，推动农村合作金融的创新。张晓玮（2013）以作为公益金融代表的中和农信在全国农村的金融扶贫活动为案例，研究认为该机构除了提供带有普惠性质的农村小额贷款服务以外，还成立了专门的培训中心，对外提供技术输出，扩展了小贷公司盈利新模式。宁夏掌政物流调剂中心作为一种别样的农村金融组织，以扶贫性金融为手段，将小额贷款、农资物流调剂相结合，作为土生土长的“草根”型小微金融，自其诞生之日起，就被当地农户、金融界人士、政府给予厚望，承担着带动当地回族群众脱贫致富、参与宁夏“黄河金岸”宏伟战略建设的历史使命。事实上，负有盛名的“掌政模式”对于中国农村金融尤其是西部民族地区的特色金融创新不仅具有一定的示范意义，还具有可复制的推广价值。王春桥（2013）则细化了小微金融的地区适配与服务环境建设的问题，在对乌蒙山区的金融服务情况进行了深入调查之后，发现该区小微金融反贫亟待解决的一个问题是支付结算环境建设的滞后，认为只有注重民族地区金融技术支持体系的建设与高效服务环境的塑造，才能从根本上夯实民族地区金融服务基础，进而发挥金融反贫的功效。

除关注静态扶贫问题之外，个别学者具有前瞻性地洞察了民族地区日益突出的贫困热点——以返贫为主要表现形式的贫困脆弱性问题，并结合民族地区区情就贫困脆弱性金融治理提出了自己的卓见。比如，李伯华（2013）建立了科学的评价指标，对湖南湘西自治州少数民族地区的贫困脆弱性进行了测度及聚类分析。结果表明恶劣的自然环境、落后的社会保障体系、薄弱的经济基础是阻碍这一地区脱贫的主要因子，应对之策则是以农户脆弱性为减贫的切入点，实现精确扶贫，通过贫困者参与金融扶贫项目的方式，挖掘其自我发展、自我“造血”的潜力，从而有效抑制贫困者的脆弱属性并降低返贫现象发生的概率。潘泽江（2013）对湘粤桂边瑶区特困农户的贫困脆弱性进行了测度，结果显示该区域脆弱性程度参差不齐，开发式扶贫制度的边际减贫效应正逐步递减，建议创新思路，以脆弱性作为减贫的突破口，实现包括金融资本、物质资本增强在内的一揽子综合治理。赵晓蓉（2014）考察了青海海东地区的金融扶贫绩效，建议加大对当地节水农业、能源化工等特色产业的金融扶持力度，通过产业扶贫与金融减贫的有机融合，间接地增强贫困人口的自我发展能力，实现稳定脱贫。

2.4 研究述评

综上，在金融发展与贫困治理关系这一问题的研究上，国内外文献颇丰，且兼具实践价值。通过对相关理论及文献的梳理，笔者不仅对贫困治理理论、金融发展理论、金融减贫理论有了更为清晰的认识，而且还通过诸多的实证研究成果，更加明确了作为脆弱性综合治理重要途径之一的金融治理的复杂性与差异性。而这些研究也势必为国内学者对贫困脆弱性专门领域的研究提供可靠的理论素材与实践启示，使得我国民族地区的相关研究更加富有区域针对性和实践可行性。但就当前已有的国内外相关文献来看，相关研究仍存在以下不足。

第一，从微观层面探讨西部民族地区贫困脆弱性治理问题的定量研究较少。

从国内外相关文献的梳理可以看出，国外对贫困脆弱性的研究比较成熟，但对脆弱性的定义、度量方法、治理框架还存在诸多争议和没有解决的问题；国内对于贫困脆弱性的研究尚处于起步阶段，已有研究多侧重于从宏观层面探讨贫困脆弱性的概念和贫困脆弱性治理的必要性及治理机制，研究方法主要以规范分析为主，微观层面的实证分析不多且亟待加强，细化到西部民族地区这一特殊地域的贫困脆弱性的治理的研究甚少。原因一在于衡量贫困脆弱性的面板数据是研究的前提，但是在民族地区农户层次上的微观面板数据很难获得，这就为定量实证研究制造了困难。原因二在于西部地区数据在一些研究中往往导致检验结果不显著。这些因素都在一定程度上导致了对西部民族地区的研究多为定性研究，其中尤以案例研究和对策研究居多，而以脆弱性视角讨论我国扶贫方式创新及反贫困制度创新的定量研究极为有限，而这恰是下一步贫困脆弱性研究的重点与难点领域。

第二，从金融支持、金融减贫的角度探讨贫困脆弱性治理的文献匮乏。

国内关于西部民族地区贫困脆弱性的直接研究相对较少，在已有的贫困脆弱性治理研究成果中，学界也多以政府政策供给的角度去思考贫困脆弱性的影响因素及治理框架，而以民族地区农户主体需求的整合为基点探讨贫困脆弱性缓解、治理及扶贫政策调整的相关研究较为匮乏。在个别学者尝试性地以国内外主流论点——金融发展与贫困减缓及治理的正相关关系为导向研究贫困脆弱性的金融治理时，也多以静态时点上的贫困为依据，以宏观面板数据作为实证研究的数据支撑，根据实证结果提出一些较为笼统、片面的金融服务、金融支持方面的对策建议，鲜有学者以脆弱性的视野动态地考察贫困问题并作出前瞻性建议，更少有学者分解市场波动、自然灾害、疾病袭击带来的脆弱性风险，依据脆弱性程度的不同提出对应建议。

第三，缺乏对民族地区贫困脆弱性金融支持、金融治理共性特征的判断。

现有的对民族地区的研究多见于针对特定民族或地域的个案研究，如潘泽江（2013）以湘粤桂边瑶区为例探讨了我国特困民族地区农户脆弱性问题，蓝红星（2013）基于四川大小凉山彝区的实证分析研究了民族地区的慢性贫困问题等。但很少有学者将民族地区尤其是西部民族地区作为一个区域整体进行研究，并由此抽象和概括出共性的特征，得出一些具有普遍意义的结论。近年来，随着各地的金融需求越来越旺盛，各种形式的减贫金融（如炕头金融、电话金融、庙宇金融）如雨后春笋般地涌现出来，相应的研究文献也层出不穷，但大多仍停留在提出简单笼统的对策建议层面。而在针对近年来贫困领域研究热点的贫困脆弱性问题时，一些学者也只是从金融减贫的视角对特定的某个民族或既定的某个局部民族地区进行脆弱性治理探讨，提出的对策建议也基本是从金融服务增量、存量等方面粗略展开，缺乏对整个民族地区比如本书所研究的西部民族地区贫困脆弱性的成因及类型的概括，继而根据脆弱性类型和成因的差异提出因地制宜、分门别类的金融治理对策或方案也就无从谈起。如此一来，缺乏对民族地区贫困脆弱性金融治理共性特征的判断，将不利于相关政府部门、金融机构对于金融扶贫方式的创新和学界对于该研究领域的理论贡献。

第四，关于以金融减贫为途径实现对西部民族地区贫困脆弱性治理的系统性研究不够。

尽管国内外诸多学者从金融减贫的视角重点探索了民族地区贫困减缓及治理的问题，有的还初步涉入了贫困脆弱性的治理情况，但大部分学者在具体探讨贫困脆弱性治理问题时也仅仅是把金融支持或金融减贫作为治理框架的一部分而加以研究，没有凸显金融扶贫、减贫的重要地位。这就导致金融扶贫、减贫理论缺乏有效的分析框架，尤其是通过金融支持的方式治理西部民族地区贫困脆弱性更是缺乏系统化的理论推演与实践路径设计。同时，在具体分析地区贫困脆弱性问题时，国内学者多是采取演绎借鉴的方式“西为中用”，得出的结论的准确性、实用性有待商榷。

3 西部民族地区贫困脆弱性及金融治理现状分析

3.1 西部民族地区贫困脆弱性特征及成因

西部民族地区是我国贫困率最高，贫困问题最为严重的少数民族聚居地区。西部民族地区分布着我国五大自治区以及青海、甘肃、云南、贵州、四川等多民族省份。这一特殊区域覆盖着全国除朝鲜族、黎族、赫哲族、高山族、畲族以外其余50个少数民族，所覆盖的少数民族人口占我国少数民族总人口的80%。同时，这一区域除具有全国整体贫困共有的特征以外，还有其独特的脆弱性地域特征。西部民族地区大多分布在沙漠荒漠、喀斯特地区、黄土高原、高山峡谷地带、地方病高发区以及水库淹没地区，这些地区地形普遍较为复杂，气候多变，生态恶劣，土地贫瘠，自然灾害频繁。此外，在经济社会方面，这些区域通常基础设施薄弱，交通不便，教育发展水平滞后，外部嵌入式增长模式根深蒂固，自我发展能力严重匮乏，而且呈现出政治敏感性高、受非经济因素影响显著等脆弱性特征。

3.1.1 西部民族地区贫困脆弱性特征

3.1.1.1 贫困程度深

民族地区是我国贫困程度最深，返贫现象最为严重的地区。长期以来，尽管我国少数民族人口总和只占全国总人口的8%，但贫困人口却占总贫困人口的40%左右。西部50个少数民族的人口90%以上集中在贫困地区，涉及民族八省区及四川、重庆、甘肃等省市，其中包括22个自治州、84个自治县。在这些区域中，聚居程度高、贫困程度深的西部代表性少数民族有独龙族、门巴族、塔吉克族、保安族等人口较少民族，而居住相对分散、经济社会发展水平相对较高，贫困人口比重相对较低的有俄罗斯族、塔塔尔族等。

据国家统计局对全国7.4万农村居民家庭的抽样调查，按新的国家扶贫标准，根据农村居民生活消费价格指数推算，2010年不变价的农民人均纯收入2 300元相当于2011年的2 536元、2012年的2 625元、2013年的2 736元。如表3-1所示，2013年，西部民族八省区的贫困人口在2012年基础上减少了559万人，有效减贫率达17.9%，高于同期全国16.7%的平均水平，显然，西部民族地区减贫速率快于全国。然而，这一地区的农村贫困问题依然十分严峻，截至2013年年底，按照最新的贫困线标准，西部民族八省区农村贫困人口共计2 562万人，约占全国总贫困人口数的31%，可见，西部农村地区尤其是民族地区农村脱贫任务仍然十分艰巨。如图3-1所示，从贫困发生率看，情况更为严峻，2013年西部民族八省区贫困率超过全国平均水平8.6个百分点。同时，贫困面积大、贫困程度深、脱贫难度大是这一地区贫困的共同特征。2013年，单就广西、贵州、云南三省区来说，三省区的农村贫困人口之和高达2 040万人，约占西部民族八省区农村贫困人口的79.6%，占全国农村贫困人口的1/4，可见，西部民族地区内部贫困差异也较为明显，西南片区扶贫攻坚任务尤为繁重。[①]

表3-1　　民族八省区与全国分年度贫困人口及贫困发生率

<table>
<tr><td colspan="2">年份
指标</td><td>2009年</td><td>2010年</td><td>2011年</td><td>2012年</td><td>2013年</td></tr>
<tr><td colspan="2">贫困标准（元）</td><td>1 196</td><td>1 274</td><td>2 536</td><td>2 625</td><td>2 736</td></tr>
<tr><td rowspan="3">贫困人口</td><td>民族八省区（万人）</td><td>1 451.2</td><td>1 034</td><td>3 917</td><td>3 121</td><td>2 562</td></tr>
<tr><td>全国（万人）</td><td>3 597.1</td><td>2 688</td><td>12 238</td><td>9 899</td><td>8 249</td></tr>
<tr><td>民族八省区占全国比重（%）</td><td>40.3</td><td>38.5</td><td>32.0</td><td>31.5</td><td>31.1</td></tr>
<tr><td rowspan="3">贫困发生率</td><td>民族八省区（%）</td><td>12.0</td><td>8.7</td><td>26.5</td><td>21.1</td><td>17.1</td></tr>
<tr><td>全国（%）</td><td>3.6</td><td>2.8</td><td>12.7</td><td>10.2</td><td>8.5</td></tr>
<tr><td>民族八省区与全国对比</td><td>比全国高8.4个百分点</td><td>比全国高5.9个百分点</td><td>比全国高13.8个百分点</td><td>比全国高10.9个百分点</td><td>比全国高8.6个百分点</td></tr>
</table>

注：2011年实行新的国家扶贫标准，为农民人均纯收入2 300元（2010年不变价）.

① 相关数据来源于国家民委网站.

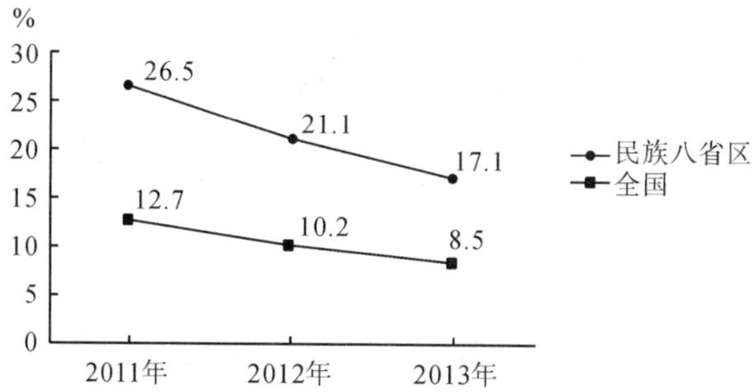

图 3-1 民族八省区与全国贫困发生率对比

数据来源：根据国家民委网站数据整理.

另外，从新时期西部地区扶贫开发工作的重点县分布来看（见表 3-2），除全国五大民族自治区以外，青海、贵州、四川、云南四省的民族贫困县占所属省份扶贫开发重点县的比重均超过50%，这表明新时期西部民族地区扶贫开发工作任重道远，较为艰巨。根据国家民委 2004 年初步调研确定，我国特困民族地区主要分布在滇、黔、桂、青、陇等 11 个省（市）77 个特困县，包括彝族、布依族、瑶族、苗族、藏族、维吾尔族等 20 个民族，约 390 万绝对贫困人口。从地理分布来看，隶属于西部民族地区的有新疆南疆三地州、四省藏区、六盘山区、四川大小凉山地区、滇黔桂石漠化区等地。又据国家民委经济发展司的一项调研显示，在这 390 万绝对贫困人口中，人均纯收入低于 1 500 元的约占 74%，低于 1 000 元的约占 32%。2002—2013 年，77 个特困县贫困平均发生率约 25%，除西藏外，2013 年西部地区贫困率最高的省份为甘肃，达 28. 8%，返贫率约为 30%，贫困发生率最低的为内蒙古，仍有 8%。由此可见，西部民族地区的贫困问题及贫困引发的脆弱性问题较为复杂，以新的思路、新的举措解决贫困问题已刻不容缓。

表 3-2 西部民族地区国家贫困县分布情况

地区	贫困县（个）	民族贫困县（个）	比重（%）
内蒙古	22	22	100
新疆	15	15	100
西藏	74	74	100
云南	72	55	76
广西	28	28	100
宁夏	8	8	100

表3-2(续)

地区	贫困县（个）	民族贫困县（个）	比重（%）
甘肃	43	12	28
四川	24	20	83
重庆	14	4	29
贵州	50	40	80
青海	15	14	93

数据来源：国务院扶贫办.

3.1.1.2 政治敏感性较高

当前我国正处于经济社会转型的关键时期，这一过程难以避免区域、民族之间发展不协调、不和谐的现象，这些不和谐因素积累到一定程度，将会形成多米诺骨牌效应，引起局部地区动荡。我国西部民族地区中为数众多的地区地理位置偏远。这些地区经济社会发展基础薄弱，基础设施建设、交通条件较为滞后，绝大部分地区尚处于贫困状态。从经济发展与民族团结、边疆稳定二者关系来看，我国西部民族地区社会稳定与否很大程度上取决于民族地区民众收入水平高低、民族认同感强烈程度。从我国多年扶贫攻坚的战况来看，贫困脆弱性程度较高与经济状况相对富裕的个体对社会关系的认同程度存在明显的差异。前者对社会、民族的认同感相对较差，易产生仇富情绪和对政策的抗争情绪。以此逻辑推断，若不能彻底解决生活在我国新丝绸之路前沿阵地的西部边疆地区的人民的贫困问题，而让该地区长期处于脆弱性程度蔓延的势态，将不利于我国的地缘安全、民族团结、边疆稳定及大国形象的打造，将不利于“美丽中国”建设及“中国梦”梦圆。

国务院扶贫办主任刘永富在2014年7月所做的关于农村扶贫开发工作情况的报告中指出，2011—2013年，相关部门组织实施《扶贫开发整村推进“十二五”规划》，已启动实施1.5万个村，分批次组织了由中央专项彩票公益基金扶持的小额信贷项目与革命老区扶贫项目，共筹集安排资金28.25亿元。同时，在民族地区扶贫方面，全国135个边境县中有41个为国家扶贫重点县，比重为30.37%。从西部民族地区地域分布来看，边境县为国家贫困县的概率较高，如新疆32个边境县中有14个为国家级贫困县，广西6个边境县中有一半是贫困县，云南25个边境县中，有16个贫困县，比例高达64%，而西藏的所有边境县均为国家扶贫重点县①。在西部民族地区内部，西北、西南边疆地区无疑是我国西部贫困面最广、脆弱性程度最深的地区。这些地区大多交通不便，经济社会发展落后，民族问题、宗教问题、毒品问题、恐怖主义等因素纵横交错，因贫困及贫困脆弱性导致的各种负面影响更是层出不穷。例如，2013 年震惊全国的新疆喀什巴楚县“4·23”暴力恐怖案件及 2013 年 6 月吐鲁番鄯善县鲁克沁镇所发生的暴力恐怖袭击案件都造成了极为恶劣的社会影响。究其原因，我们可以发现，除了外部恐怖势力煽动因素以外，这些地区的贫困及脆弱性是导致暴力分子产生不法行为的重要原因。新疆社科院经济研究所一项研究数据显示，2011 年新疆南疆地区农牧民人均纯收入分别为：和田地区 2 226 元，喀什地区 2 876 元，克孜勒苏柯尔克孜自治州 1 695 元，不仅低于全国农村平均收入水平（6 977 元），甚至达不到平均水平的一半。因此，从经济社会发展的角度来看，缓解或抑制西部民族边疆地区贫困状态和脆弱性程度是降低当地暴力事件发生频率、降低政治敏感性、维护民族团结和各民族共同发展的重要途径，也是充要条件之一。

3.1.1.3 文化、宗教等非经济因素影响显著

贫困的致因较为复杂，贫困脆弱性也呈多元化特点。就我国西部民族地区而言，贫困脆弱性从表象上来说是贫困群体缺乏应对各类风险冲击的抵御能力和各类平滑资本，但从深层次致因，并结合到民族地区历史文化及宗教等角度观察，我们不难发现，西部民族地区贫困脆弱性受区域历史文化、宗教等非经济因素影响十分显著，这也构成了当前西部民族地区贫困脆弱性的重要特征之一。

温军（2004）等学者指出，“民族人口规模、民族手工工艺与民族文化之间的族群差异以及分门别类的宗教信仰、语言、文字、民风习俗、经济文化类型等多民族文化载体的存在，自始至终都是影响少数民族聚居区现代化进程，影响各民族稳定团结、走向共同繁荣的不可忽视的重要因素。”由此可以看出，贫困的发生在西部民族地区有着深刻、复杂的历史文化渊源和经济社会背景。西部少数民族独特、多元化的宗教文化与民风习俗与汉族地区的农耕文明差异显著，有的民族地区反贫困措施同当地文化传统与价值观念直接相悖，这在一定程度上加剧了贫困脆弱性的蔓延。譬如，藏族、门巴族主要聚居在青藏高原，景颇族、白族主要聚居在云贵高原、横断山脉，怒族、独龙族主要聚居在怒江流域。这些地区通常自然条件恶劣，经济社会开放度极低，信息闭塞，在这样的经济社会条件下，逐步形成了独具特色的高寒文化、火塘文化以及具有原始特征的土著宗教文

① 这里的国家级贫困县为 2014 年名单，根据该名单，2014 年国家级贫困县总数为 592 个.

化。日积月累的土著文化渗透在少数民族群众生产生活的各个领域，并以传统风俗及行为方式呈现出来，显现出对外保守封闭、对内稳定开放的特征。因此，排他性强、孤立封闭的民族土著文化很难与汉民族或其他民族文化产生共鸣和有效的融合，这就导致其“自我”特征鲜明，难以接受国内外现代文明的传播，甚至频频出现对外抵制的现象。特别是宗教作为一种信仰与文化载体，在民族地区往往表现出超常的凝聚力与影响力，对贫困及贫困脆弱性影响极为显著。一方面，民族地区群众在遵循本民族宗教教义中吸取了丰富的民族文化，建立了和谐稳定的意识，这客观上有助于民族间团结和我国和谐社会的构建。但另一方面，宗教教义所推崇的一些思想观念与行为方式，如藏族看重精神寄托而轻视物质追求的生存方式、只求来世不求今生的宗教心态，又加剧了当地贫困脆弱性程度并抑制了脱贫进程。笔者在四川甘孜州雅江县米龙乡的一次调研过程中发现，当地藏民对政府扶贫并未呈现出较高的兴致，相反他们认为自己较为富有，并不贫穷，因为他们距离天堂较近，能充分沐浴阳光，并接受神灵的庇佑。同时，民族地区广泛存在的“轻商贱利、重义轻财”的观念根深蒂固，不利于推动当地商品经济的发展和脱贫，如藏族农牧民养老牛和放生牛的现象较为普遍，彝族有谚语“赚钱莫赚邻居钱”，物品以送为荣，以生意买卖为耻。

特殊民族风土人情、风俗习惯也是少数民族地区脱贫难、脆弱性突出的重要因素。民族风俗是在漫长的历史发展过程中日积月累而形成的，主要体现为习俗与禁忌，具体表现在饮食、祭祀、结婚、丧葬、娱乐、服饰等诸方面。民族地区的风土人情、民风习俗一般具有典型的地域性和稳定性、群众性特点，这些特点一方面使得各民族具备了有助于生产力解放和文化发展的良好环境，但另一方面又不可摒弃地将一些相对落后的风俗毫无保留地传承下来。如在生产、丧葬、出行、生育等方面，不同程度地存在禁忌。如四川凉山彝族地区讲究“一家有，大家有”，杀牛祭神时，牛肉由全寨人共同分食；捕获野兽时，见者都能分一份兽肉。一些彝族群众为父母办丧事，为体现出自身朴素的孝道贤能，把多年来辛苦积攒下来的积蓄花光，甚至赊酒借牛，债台高筑，陷入难以自拔的贫困状态。这些民俗活动及行为所体现出来的团结协作精神、共富平均主义和孝道思想值得提倡，从文化视角来看，是符合民族族情的，但是从市场经济的视角来看，这些朴素、地域特征鲜明的民族风俗客观上也加大了对西部落后民族地区的扶贫难度，不利于脆弱性的减缓及以金融支持为重要手段的综合治理。

3.1.1.4 人口较少民族深度贫困问题更为严峻

我国55个少数民族中，有28个人口在30万以下的“人口较少民族”。所谓“人口较少民族”，是指在我国众多的民族成员中，有一些族裔群体在人口数量、社会形态、发展方式、民族文化等方面具有相对的异质性，这些人口数量较少且颇具特色的族裔群体所形成的民族共同体就是人口较少民族。我国最初于2000年将人口较少民族人口界定为10万人以下。按此标准，全国主要有22个人口较少民族，它们主要分布在西部民族地区和东部个别地区，分别是门巴、高山、珞巴、京、毛南、基诺、阿昌、布朗、怒、独龙、普米、德昂、赫哲、塔塔尔、塔吉克、俄罗斯、乌孜别克、鄂伦春、鄂温克、保安、裕固、撒拉等民族。2011年，国家民委经过多方面的调研后，把划定“人口较少民族”的人口基数定到30万以下，在制订扶持人口较少民族发展的“十二五”规划时，增加了人口10万至30万的6个民族，即景颇族、达斡尔族、柯尔克孜族、锡伯族、仫佬族和土族。人口较少民族两次规划详情见表3-3。目前，30万以下的民族一共有28个。截至2012年，这28个人口较少民族总人口约为169万人[①]，主要分布在西部民族八省区和东部福建等地。

表3-3　　人口较少民族两次规划

规划项目	划分标准	民族个数	民族名称	人口数	包括范围	所涉省份
扶持人口较少民族发展规划（2005—2010年）	人口10万以下	22个	高山、门巴、珞巴、京、毛南、基诺、阿昌、布朗、怒、独龙、普米、德昂、赫哲、塔塔尔、塔吉克、俄罗斯、乌孜别克、鄂伦春、鄂温克、保安、裕固、撒拉	22.9万	86个县、238个乡镇、640个行政村	东部：黑龙江、福建 西部：广西、云南、贵州、甘肃、青海、西藏、新疆、内蒙古
扶持人口较少民族发展规划（2011—2015年）	人口30万以下	28个	高山、门巴、珞巴、京、毛南、基诺、阿昌、布朗、怒、独龙、普米、德昂、赫哲、塔塔尔、塔吉克、俄罗斯、乌孜别克、鄂伦春、鄂温克、保安、裕固、撒拉、景颇族、达斡尔族、柯尔克孜族、锡伯族、仫佬族、土族	169.5万	2个自治州、16个自治县、71个民族乡、2 119个行政村	东部：辽宁、吉林、黑龙江、福建 中部：江西 西部：广西、云南、西藏、贵州、甘肃、内蒙古、青海、新疆

注：资料根据《扶持人口较少民族发展规划（2005—2010年）》和《扶持人口较少民族发展规划（2011—2015年）》整理.

据《扶持人口较少民族发展规划（2011—2015年）》，人口较少民族所分布的区域共有汉族在内的人口701.7万人，其中，人口较少民族人口有153.5

① http：//news. 163. com/12/0517/11/81N1SJBF00014JB6. html.

万人，占比约为 21.9%。从乡、村一级的地理分布来看，民族地区 2 119 个自然村共有人口 272.7 万人，而“小少民族”人口约 136 万人，约占总人口的二分之一；71 个民族乡共有 68.4 万人，而“小少民族”约 20.5 万人，占比约为 30.0%。从自治县、自治州层面来看，人口较少民族所分布的 16 个自治县共 378.1 万人，378.1 万人中有 69.3 万人属于人口较少民族群体，所占比例约为 18.3%；而人口较少民族集中分布的 2 个自治州共 172.7 万人，“小少民族”人口约 33.4 万人，占比达到了 19.3%。

根据表 3-4 所示，人口较少民族各项主要经济指标几乎均低于全国平均水平，如 2013 年全国人均 GDP 为 2.83 万元，除肃南裕固族自治县、鄂温克族自治旗、木垒哈萨克自治县外，其余人口较少民族自治县均低于这一水平，积石山保安族东乡族撒拉族自治县人均地区生产总值更是只有 4 000 元。据《扶持人口较少民族发展规划（2011—2015 年）》统计，截至 2009 年年底，全国 2 119 个聚居村的人口较少民族共有 89.1 万贫困人口，所占区域贫困发生率高达 32.7%，远远超出了全国 3.8%的平均水平，也超出了民族自治地方 16.4%的平均水平。特别是以西藏的珞巴族、新疆的塔吉克族、云南的怒族和独龙族等为代表的人口较少民族地区由于自然、社会等多种不利因素的叠加，稳定脱贫的难度极大。2013 年，全国城镇居民人均可支配收入为 26 995 元，人口较少民族无一达到这一平均值，而与 2013 年全国农村居民人均纯收入 8 896 元相比，鄂伦春自治旗、鄂温克族自治旗、肃南裕固族自治县以及木垒哈萨克自治县均高于平均值，这表明人口较少民族农村地区增收情况相对于城镇乐观。然而，据国家民委 2012 年的一份调查显示，2 119 个人口较少民族聚居村中，未建公路的村庄仍占 32.2%，“最后一公里”问题亟待解决，不通电的村仍有 6%，未实现安全饮水的自然村仍占 25.2%。从已通公路的自然村的基础设施来看，通村公路标准较低，水泥路、柏油路比例极为有限，晴通雨阻。同时，这些地区易受自然灾害侵袭，农牧业基础普遍薄弱，因灾致贫现象较为常见，脆弱性特质极为突出。此外，一些地区社会管理能力和服务水平较低，保持社会和谐稳定存在不少隐患。与此同时，受地理区位及经济发展水平的制约，人口较少民族聚居区人民理财意识普遍薄弱，农业科技应用程度低下，自我发展能力匮乏，而这又加剧了该地区贫困的脆弱性。因此，人口较少民族深度贫困问题值得相关部门重视，社会各界理应关注人口较少民族的生存、发展问题，避免其成为被人忽视的“盲区”。

表 3-4 人口较少民族经济发展状况① (2013 年)

地区	少数民族人口比重(%)	人均地区生产总值(元)	人均社会固定资产投资(元)	城镇居民人均可支配收入(元)	农村居民人均纯收入(元)	地方财政收入(亿元)
鄂伦春自治旗	11.53	22 331	7 872.86	21 240	14 865	2.8
肃南裕固族自治县	56.5	74 000	145 959.18	17 280	11 480	5.08
循化撒拉族自治县	94	15 996.85	20 149.72	18 958.8	5 403.8	0.68
积石山保安族东乡族撒拉族自治县	53.9	4 000	8 976	10 511	3 200	0.83
兰坪白族普米族自治县	93.4	16 483.9	16 779	20 001	4 000	6.18
塔什库尔干塔吉克自治县	52.7	20 726.6	9 386	10 300	3 100	1.34
贡山独龙族怒族自治县	90.39	15 320	12 001	13 100	4 240	2.32
鄂温克族自治旗	41.3	71 078.2	43 789	21 240	14 865	24.5
双江拉祜族佤族布朗族傣族自治县	45	13 259.4	14 352.9	15 100	4 820	2.75
罗城仫佬族自治县	73.78	11 486.5	6 550.44	15 250	4 450	2.7
木垒哈萨克自治县	33.9	26 866.7	24 444.4	17 395	9 809	2.5
环江毛南族自治县	92.75	10 931.5	6 622.16	17 539	5 502	2.65

数据来源：各自治县统计年鉴及政府工作报告、国民经济和社会发展统计公报.

3.1.2 西部民族地区贫困脆弱性成因

贫困不是某单一因素所致的，也不是某方面的机制、制度缺失所造成的，它一定是各方面因素综合作用的必然结果。根据脆弱性系统原理，造成西部民族地区贫困脆弱性的原因，可以分别从经济系统、社会系统、生态系统三个维度去阐释，以便真正把握贫困成因及脆弱性根源、本质。

3.1.2.1 经济系统原因

对于西部民族地区而言，经济结构单一、经济基础薄弱，国家扶贫政策偏差及贫困群体本身经济意识与风险意识匮乏是贫困脆弱性经济系统的主要表现形式和原因所在。

第一，经济结构单一、经济基础薄弱。以我国集中连片特困民族地区乌蒙山区为例，该区农村地区少数民族群众主要收入来源为农牧业生产，收入结构单一。该地区春季种植的作物主要是水稻和玉米，秋季主要作物为小麦、红薯，这些作物大多是自给自足，而且收成要“靠天说话”，很少有多余的农作

① 还有一些人口较少民族如俄罗斯、阿昌、基诺族由于人口分布较为分散，因此没有一一列举所分布的自治县. 乌孜别克族由于分布在木垒哈萨克自治县人口比重较大，故单列了出来.

物用于商品交易。不仅如此，乌蒙山片区的畜牧业也多为零星布局，未形成有效规模，这也是该片区民众收入低下的重要原因。统计显示，地处乌蒙山区的彝良县，2013 年农民人均纯收入为 4 439 元，仅相当于全国平均水平的一半。

第二，扶贫政策出现偏差。地方政府推动地方经济发展与帮助贫困人口脱贫的双重目标，常常会导致地方行政首脑为实现财政增收与地方经济发展的目标而忽视甚至牺牲扶贫目标，地区生产总值的政绩导向使得他们通常倾向于选择能带来较高收益的项目而不管这个项目本身是否有助于减贫。在地方扶贫实践中，常出现扶贫的“逆向选择”问题，大额的专项扶贫贷款与政策优惠往往并未真正惠及贫困群体，反之却引来了非贫困人口的激烈瓜分。据一些专家调查研究①：近年来尽管我国实施了整村推进扶贫规划，但在具体扶贫项目收益群体中，贫困群体只占 36%，而中等收入群体与富裕群体却分别占 20% 和 44%，严重背离了扶贫的初衷，出现了较大的政策效益偏差。

第三，经济意识与风险意识淡薄。在广大西部民族地区，经济关系在很大程度上是靠族群关系与血缘关系来维系的，出于历史文化及宗教习俗等的原因，许多地区往往对商品经济较为排斥，自给自足是常态。认真研究可以发现这样一个规律，民族贫困地区农村集贸市场发育程度与经济发展一般呈正相关关系，即经济发展活力强劲的地方，往往集贸市场也较为繁荣，而集贸市场越兴旺，所在的区域贫困面就相对较小，贫困程度也相对较低，农民的商品意识也就越浓，就越有助于脱贫，继而实现增收与保持财富的稳定性。

同时，民族地区贫困群众由于受到的文化教育与获得的科技知识有限，对市场反应通常较为迟缓，对农业科技的运用也较为有限。大多数贫困农户只是被动接受新科技，至于这些农业科技如何提高生产力并能给他们带来多大的财富，他们大多均不知情。不仅如此，在农业科技推广时，他们中的绝大部分人通常会认为既然这些技术是专家们的研究成果，那么一定会给他们带来可观的收益，很少有人产生对农业科技运用的风险防范意识。一旦出现运用风险，风险防范机制的缺失、政府指令性的行政方式将使得贫困农户的损失不断放大，后果堪忧。另外，农业科技的发展日新月异，农业机械化耕作、化肥的合理利用、节水农业等农业技术正在逐步推广，这无疑将促进贫困地区脱贫步伐加快，但由于西部民族地区农村，尤其是偏远民族地区信息闭塞，科技应用能力较差，与市场脱节比较严重，农业生产经营中的盲目性较为普遍，客观上也助

---

① 吴本固. 努力创新机制，扎实推进新阶段扶贫开发 [J]. 社科新视野，2005 (5)：11-13.

推了因经济系统中生产盲目性所导致的脆弱性风险加剧。

3.1.2.2　社会系统原因

西部民族聚居区域，时常面临一些除自然灾害以外的经济社会因素的负向冲击，除民众市场竞争意识缺乏、生计资本缺失、国家扶贫制度安排存在缺陷等经济原因外，人力资本薄弱，因教、因病、因残致贫、返贫等也是贫困脆弱性加剧的重要原因。

第一，人力资源水平偏低。一般来说，人力资源质量越高的地区，经济越发达，人才层次也更加鲜明，适应市场环境的能力较强，陷入贫困状态的可能性也就越小。民众总体受教育水平在很大程度上可以衡量一个地区的人力资源水平，而文盲半文盲比例偏高、文化层次偏低是造成西部民族地区贫困发生率高的重要因素。

从表 3-5 统计来看，西藏、宁夏的适龄儿童入学率略低于全国平均水平，从每万人口在校数来看，大学生这一指标五大自治区均远低于全国平均水平，这表明民族地区受到高等教育的人员相对较少，人力资本严重匮乏，人才断层现象严重。从 R&D 人员全时当量（人年）来看，除广西外，其余四大自治区均低于全国平均水平，一定程度上表明这些地区科技水平与科研水平均比较低，这不利于地区技术创新与科技进步。总体来看，西部民族地区整体文化水平偏低、劳动力素质不高制约了农业生产方式的调整与先进技术的推广应用。同时，由于交通闭塞、观念与文化水平的落后，民族地区的人民形成了“日出而作、日落而息”的生活习惯并形成一种简单粗放的既定农业经营模式。这种模式通常依靠大面积荒地、山地及草场的盲目开垦来满足当地农牧民众对口粮的基本需求，结果导致本就脆弱的生存环境的恶化，延缓脱贫的步伐。

表 3-5　五大自治区部分教育指标比较①（2013 年）

地区	适龄儿童入学率（%）	每万人口在校数（人）			专任教师负担学生数（人）			R&D 人员全时当量（人年）
		大学生	中学生	小学生	大学	中学	小学	
宁夏	99.68	156	699	961	15	15	18	8 073
新疆	99.79	120	620	851	15.2	12	14	15 440

① 该统计为简化的数据统计，本书在统计整理相应的教育指标时，省略了一些指标，如上学各阶段的入学率、R&D 费用支出、义务教育普及程度、各行业相关从业人员比例构成等.

表3-5(续)

地区	适龄儿童入学率(%)	每万人口在校数(人)			专任教师负担学生数(人)			R&D人员全时当量(人年)
		大学生	中学生	小学生	大学	中学	小学	
内蒙古	99.82	115	587	742	14	11	13	7 342
西藏	99.40	109	579	949	14	15	15	411
广西	99.80	182	589	911	18	20	20	41 268
全国	99.71	234	694	720	18	13	16	32 468

数据来源：各自治区 2014 年统计年鉴及《2013 年全国教育事业发展统计公报》.

第二，因教、因病、因残致贫、返贫现象突出。西部民族地区致贫机理较为复杂且呈多元化趋势。据国务院发展研究中心对西部 2 000 个村的调查显示①，因教、因病、因残致贫是西部农村地区经济社会发展日益严峻的问题。上学致贫的比例为 6.1%，因病致贫的比例达 4.9%，因残疾致贫比例为 2.8%。调查还显示，农户借款排在前三的用途依次为：子女教育、购买农资、看病与修房，比例分别为 27.8%、18.5%、4%与 6%。

首先，从因教致贫、返贫来看，子女教育支出约占我国普通家庭总收入的 1/3，尤其是在子女受高等教育阶段，贫困家庭的负担就更加沉重。从投资与收益关系来看，如果受教育的子女尤其是受到良好高等教育的子女能找到好的工作或能够学以致用，家庭就会在子女教育上的投资得到相应的回报，从而逐步改善“因教致贫”的困境；然而，教育投资亦存在不可避免的风险，一旦受教育者在耗费了大量教育投资后并未觅得合适的工作机会或无法转化为现实生产力，收益与回报便无从谈起，家庭极有可能陷入困窘不堪的泥潭，难以自拔，这种失衡的社会现象如果长期延续，将会给社会尤其是民族地区带来极大的隐患。因教致贫、因教返贫的破坏性不仅体现在贫困家庭物质上的拮据，而且还表现在贫困人群精神上的麻木和绝望。据《南方周末》2010 年 1 月 28 日报道：甘肃省会宁县 63 岁的回族群众王清源老人因培养 3 名大学生而债台高筑，陷入赤贫困境，小儿子因未能按期偿付银行贷款而被列入信用黑名单，王清源本人整日目光呆滞，呆坐在一孔破落的土窑里度日如年。毋庸置疑，王清源老人的遭遇便是西部民族地区诸多农村家庭因教致贫、返贫现象中的一个典

① 统计数据来自国务院发展研究中心 2010 年 5 月出版的《调查中国农村》.

型案例。

其次，从因病致贫、返贫来看，据国家计生委2014年的调查，我国农村贫困户中，因病致贫率高达37.8%，因病致贫已成为农村地区贫困的主要原因之一，西部民族地区这一现象更呈愈演愈烈之势。在西部民族地区的许多农村，陈旧落后的生产方式及恶劣的生存环境使得人们无暇顾及合理膳食的必要性及营养搭配的科学原理。笔者本人在宁夏南部山区西吉县的兴平乡调研中发现，当地村民饮食结构非常单一，当地以种植马铃薯和养殖牛羊为主要收入来源，马铃薯、牛羊肉也就成了当地居民主要食材。但这种单一的饮食结构造成了当地居民营养状况欠佳，劳动能力下降。此外，在西部许多民族地区，地方病是影响当地人群健康的重要因子，如贵州毕节地区的氟病，根据病情的轻重程度，可分为氟斑牙、氟骨症，重症者会严重残疾并彻底丧失劳动力，当地民众一旦患上该病，就极易导致因病致贫、返贫，严重影响着当地民众脱贫奔小康。根据复旦大学公共卫生学院流行病学教研室、四川省昭觉县妇幼保健院一项调研结果显示①：凉山彝族聚居区被抽查的育龄妇女人群艾滋病病毒感染率达3.83%，在疫情严重乡镇，该人群感染率高达6.35%，呈现高流行态势，而且疫情已覆盖各个年龄段。这提示，当前该地区已进入艾滋病广泛流行期。尽管2014年我国各级财政对新农合的人均补助标准提高到320元，政策范围内报销比例达到了75%，在此基础上开展了20多种重大疾病医疗保障试点工作，一定程度上减轻了群众看病的负担，但随着农民参加合作医疗后医疗需求的释放和增长，合作医疗的可持续发展正面临着筹资标准低等严峻挑战，而这些挑战无疑给西部民族地区群众带来极大的困难，“小病靠扛、大病等着”的因病致贫状态在许多民族地区屡见不鲜。欲解决这一问题，除需进一步加强民族地区基础设施建设及卫生人才队伍建设之外，还需从其他途径和借助社会其他力量强化和完善“输血”和“造血”功能。

3.1.2.3 生态系统原因

第一，自然条件恶劣。广义概念上的地理环境对一个地区的发展有着十分重要的意义，甚至是决定性的作用。正如美国经济学家托达罗所述，“从全球各国地理位置与其经济发展水平的关系来看，几乎所有的发达国家、经济增长成功范例几乎都分布在地球的温带地区，而几乎所有的欠发达国家都位于热带或亚热带地区，如亚非拉等诸多国家，这样显著的差异不能简单地看成一种巧合现象，现象的背后必然与气候环境或气候环境带来的一系列经济社会的连锁

---

① http：//news. qiuyi. cn/2013/jkqw_ 0319/8727. html.

反应有关”①，我国西部民族地区也印证着这样的规律。西部民族地区群众大多生活在石漠化或荒漠化地区、水土流失地区、干旱地区、高寒地区等自然条件十分恶劣的地区，这些地区土地利用率极为有限，耕地贫瘠，不利于从事农作物生产。具体可以分别从区位条件、地形、气候三方面分析西部民族地区的自然条件。

首先看西部民族地区人口集中居住的几个区域：黔、桂、滇石漠化地区，陇南、宁夏“三西”严重干旱地区，西藏、青海、四川西部高寒地区，横断山脉高山峡谷地区，黄土高原水土流失严重地区，内蒙古、陇西北戈壁荒漠地区（见表 3-6），以及喀斯特高原丘陵地区和秦巴山区，这些地区不仅耕地面积有限，而且土质较为贫瘠，集中呈现出“陡、碎、薄、瘦”等特点，且灾害频繁，其自然条件对于从事农业生产活动极为不利。

表 3-6　　　　西部民族地区贫困人口分布及致贫主因

贫困人口分布地域	范围	主要少数民族	贫困原因
黔、桂、滇石漠化地区	川南、广西、云南、贵州	瑶族、壮族、苗族、布依族、彝族	石漠化、沙化严重
陇南、宁夏“三西”地区	甘肃、宁夏	回族	干旱、水土流失
西藏、青海、四川西部高寒地带	西藏、青海、四川	藏族	高寒、水源匮乏、风沙灾害严重
横断山脉高山峡谷地区	四川、云南（怒江、澜沧江、金沙江并流地带）	白族、藏族、布依族、门巴族等 28 个少数民族	山高坡陡、滑坡、泥石流、水土流失严重
黄土高原水土流失区	陕西北部、内蒙古西部、宁夏南部、青海东部、甘肃东部	回族、东乡族、蒙古族、藏族、土族、保安族、撒拉族	气候干旱、水土流失、地形破碎、土质疏松
内蒙古、陇西北戈壁荒漠地区	内蒙古、甘肃西北部和新疆	蒙古族、维吾尔族	戈壁、沙漠、荒漠、高原

其次，从地形条件来看，西部民族地区的地形条件较为复杂多样。从地貌上看，西部民族地区以高原、山地、丘陵、盆地为主体。三大阶梯中，第一阶梯与第二阶梯一半差不多都为西部民族地区所“拥有”；四大高原——云贵高

① ［美］托达罗．第三世界的经济发展［M］．于同申，等译．北京：中国人民大学出版社，1991.

原、黄土高原、内蒙古高原、青藏高原，几乎清一色地分布在西部民族地区；四大盆地——四川盆地、柴达木盆地、准噶尔盆地、塔里木盆地绝大部分也被民族地区所包围；我国主要高山山脉、河流源头、高山峡谷也分布在该区域，平均海拔相差 3 000~5 000 米（见表 3-7）。

表 3-7　　我国西部民族地区地理构造结构表

地区	地貌类型占比（%）			海拔占比（%）		
	山地	丘陵	平地	小于 1 000 米	1 000~3 000 米	大于 3 000 米
广西	52	34	14	94. 2	5. 8	0
云南	80. 8	14. 2	5	10. 1	81. 7	8. 2
贵州	80. 3	14. 8	4. 9	85	15	0
四川	72. 1	18. 1	9. 8	87. 4	12. 6	0
内蒙古	21	27. 5	51. 5	41. 7	58. 3	0
西藏	51. 2	25. 3	23. 5	3. 2	3. 7	93. 1
甘肃	56	21. 8	22. 2	16. 6	83. 3	0. 1
宁夏	45. 1	9. 0	45. 9	0. 9	99	0. 1
新疆	37. 1	18. 9	44	28. 9	47. 8	23. 3
青海	51. 2	18. 7	30. 1	1. 7	26. 3	72
西部少数民族聚居地区	47	21. 8	31. 2	30. 7	38. 1	31. 2
汉族聚居地区	44. 6	16	39. 4	86. 6	13. 4	0
全国	30. 7	9. 9	59. 4	47. 3	31	21. 7

数据来源：根据相关地理资料整理而成，四川数据包括了重庆的数据.

此外，该地区还因自然力风化及地表物质的作用力，发育出了冰川冻土、喀斯特地貌等特殊地形地貌。在西南的喀斯特地区，贫困人口主要聚居在岩溶区、石山区及贫瘠的红壤丘陵地区。以广西为例，石山面积约为 4. 68 万平方千米，占全区面积的 19. 7%，山地、丘陵和石山面积共占广西全区面积的 69. 7%，岩溶石山面积之大，更是全国之最。广西全境分布着 31 个石山县和 20 个次石山县，其中 37 个为贫困县，有 3 000 个贫困村。尽管多年的扶贫攻坚工作卓有成效，但截至 2013 年年底，广西仍有 634 万贫困人口。由广西贫困人口地理分布可知，贫困群体大部分生活在大石山区、干旱缺水地区、资源匮乏地区和水库移民地区，贫困人口脆弱性较为突出，自我发展能力匮乏，已脱贫的人口也极易因灾、因病或因市场风险返贫。

最后，从气候条件来看，西部民族地区气候差异明显。由于地域广袤、地貌多样，加之青藏高原的阻隔作用，民族地区形成了边缘热带、亚热带、中亚热带、北亚热带、暖温带及中温带六个气候带，并包含一个独特的高原气候区。从空间来看，西北民族地区总体上表现为夏季炎热、冬季寒冷，降水较少且昼夜温差较大的特点。西北民族地区有广袤的沙漠、戈壁分布，降水较少，蒸发强烈，气候十分干燥。青藏高原因海拔高、辐射强呈现出独特的高原气候，即光照强、降水少、热量不足，且冰川冻土广布，这在一定程度上抑制了农业的发展。

第二，因灾致贫、返贫现象突出。我国是一个易受自然灾害侵袭的国家，多样的地貌地形、不稳定的季风气候、强烈的地质构造运动以及众多人口、漫长的农耕历史文化等诸多因素综合作用，使得我国成为世界上自然灾害发生频繁、造成损失最为严重的国家之一。据国家民政部 2014 年前三季度的数据统计，干旱、洪涝、风雹、地震、滑坡、泥石流等自然灾害共造成全国 2 亿人次受灾，农作物受灾面积达 24 899.3 千公顷，直接经济损失 3 182.6 亿元。2014 年西部民族地区受灾情况见表 3-8。

表 3-8　　2014 年西部民族地区受灾情况

地区	月份	灾害类型	受灾人口（万人）	直接经济损失（万元）
肃南裕固族自治县	1 月	干旱	0.73	2 300
宁夏南部山区	4 月	干旱	32.7	10 000
新疆塔城地区	4 月	风雹	0.43	6 500
贵州毕节、云南楚雄	5 月	风雹	17.6	17 000
甘肃、宁夏	5 月	低温冷冻	5.7	2 700
云南德宏州盈江县	5 月	地震	5.2	170 000
四川甘孜州、阿坝州	6 月	洪涝	4.8	3 400
宁夏、甘肃	8 月	洪涝风雹	26.5	33 000
云南景谷	10 月	地震	37.33	170 000
四川康定	11 月	地震	10	120 000
新疆伊犁哈萨克自治州、克孜勒苏柯尔克孜自治州	12 月	大风降温、雪灾	1.7	3 300

数据来源：根据国家民政部网站资料整理.

近年来，西部民族地区自然灾害频发，加之人为开采破坏，导致本来就处在干旱、半干旱的西北民族地区水资源极度匮乏，农作物难以生长，人畜饮水困难。西藏、新疆、青海等牧区由于雪灾，每年都会不同程度地有大批牛羊等牲畜死亡，使得以畜牧业为主要收入来源的农牧民更加捉襟见肘，反复地陷入贫困状态。此外，民族地区的沙尘暴、滑坡、泥石流等自然灾害不仅影响农业生产和农牧民收入，还不断打击贫困地区民众的脱贫信心和毅力。

3.2 西部民族地区农户生计资产现状考察

按照脆弱性贫困的分析框架，可将西部民族地区群众的生计资本分为自然资本、物质资本、人力资本、金融资本与社会、民族文化资本五大类。生计资本是脆弱性群体谋求生计的基础。生计资本禀赋越强，脆弱性群体抵御各类风险冲击的能力也就越强，反之，生计资本越薄弱，脆弱性群体抵御各类风险冲击的能力也就越匮乏。

3.2.1 西部民族地区农户的自然资本、物质资本与人力资本

3.2.1.1 自然资本

自然资本是指脆弱性群体为谋求生计拥有或利用的土地、水、生物资源及生存环境。自然资本是大自然赐予人类的“礼物”，属于人类谋求生存发展的劳动对象。依据西部民族地区的区情，通常可将民族地区分为资源富集区和资源贫瘠区。一般来说，资源富集的区域，其土地、水资源、生物资源及生态环境等自然资本较为丰腴，而资源贫瘠的地区则自然资本匮乏。不同地域的西部民族地区自然资本状态差异十分显著。

以宁夏西吉县为例，西吉县位于宁夏“苦瘠甲天下”的南部山区，属黄土高原干旱丘陵区，六盘山西麓，地势南低北高，海拔 1 688~2 633 米，东西长 67 千米，南北宽 74 千米，东距固原市 63 千米，北距宁夏首府银川市 391 千米，总面积 3 144 平方千米。西吉县下辖 3 镇 16 乡，作为少数民族聚居区，其回族人口占全县总人口的57%左右，其拥有的自然资本可作为西部民族干旱地区的一个缩影。在植被方面，该区主要树种多为抗干旱型，如白桦、山杨等，且多为多代萌蘖叶混交林，天然次生林较少且分布地区有限，仅分布在辖区内火石寨、沙沟、白崖等地，且近些年人为破坏比较严重。同时，山地植被与干草原植被稀少，保护力度和覆盖率均未达到预期，干草原植被主要分布在

黄土低山谷坡地区，而山地植被只有月亮山地区才有分布。在部分积水处的堰塘边，零星地分布着一些盐生沼泽植被。从西吉的土地资源来看，西吉位于黄土高原，黑垆土面积分布较广，土地肥力有限，耕地较为贫瘠。笔者在西吉县将台乡调研时了解到，该镇人均耕地约 1 667 平方米，水浇地只占 18%，农作物主要以耐旱类为主，如荞麦、玉米、马铃薯、胡麻、莜麦等，“靠天吃饭”的现象较为普遍。在水资源方面，西吉县境内地下水储量约为 7 000 万立方米/年，河流主要有清水河、葫芦河等，全县仅有葫芦河谷地区潜水资源丰富，由于支流补水较多，这一带水化学类型变化较大，且矿化度一般为 1 克/升左右，可作为人畜饮水及农田灌溉水源。而其他地区则较为缺水，有的乡镇如火石寨乡就属于典型的干旱民族贫困地区，人畜饮水较为困难，灌溉用水与人畜饮水工程等水资源基础设施建设势在必行。在气候资源方面，西吉县深居内陆，属于温带半干旱气候。与同纬度其他地区相比，西吉县春寒干旱，夏短温和，秋凉气爽，冬冷少雨，四季气候差异十分显著。同时，西吉县日照时数较长，光能资源丰富，昼夜温差大，适合马铃薯、胡麻等特色农作物种植。西吉县年均气温仅有 5.3℃，年均降水量约 350～500mm，无霜期约 100～150 天，灾害性天气主要以干旱、霜冻、风雹为主。

在人口较少民族方面，基诺族是一个典型的代表。基诺乡是全国唯一的基诺族聚居地，位于横断山脉无量山末梢丘陵地带的基诺山区。基诺地处北纬 21°，东经 100°，位于景洪市东北部，距市区 27 千米，土地面积约 622.9 平方千米，海拔 550～1 691米。整个区域光照充足、雨量充沛、干湿季分明，属于典型的热带、亚热带山区气候。基诺辖区内山地高度差显著，植被丰富，主要为热带季雨林和常绿阔叶林。全乡森林面积约 600 平方千米，其中约有 57 平方千米热带沟谷雨林自然保护区；州属国有林面积约 299 平方千米。在土地资源方面，全乡有轮歇地 140 平方千米，水田 4 平方千米，其他用地 106 平方千米。基诺乡山高坡多，陡坡为数不少，90%以上的山坡坡度在 25°以上；全乡没有超过一平方千米的平地，坡度小于 8°的山间盆地更是“凤毛麟角”，属于典型的山区民族乡①。

在贫困群体生活设施方面，对西部民族扶贫县 2 318 个调查村的监测显示（表 3-9），从“十一五”末期 2010 年至 2013 年年底，贫困农户生活设施状况有了较为明显的改善，厕所条件较好的农户比重已达 82.2%，有取暖设备的农户比重已达 70.6%，饮用自来水、深井水的农户比重接近60%，饮水困难户已

① 注：资料来源于基诺乡政府.

从2010年的11.4%降到2013年的8.5%，但从生活燃料获得便利性来看，截至2013年年底，仍有高达37.2%的被调查样本农户感到困难拮据，这表明尽管贫困农户自身生活条件正在逐步改善，但与其预期和需求相比，与贫困群体生活息息相关的设施建设滞后性明显，这一问题应得到重视。

表3-9　　西部民族地区调查样本县农户生活设施状况

指标	2010年	2013年
厕所条件较好的农户比重（%）	78.6	82.2
有取暖设备的农户比重（%）	65.7	70.6
饮用自来水与深井水农户比重（%）	55.8	59.4
饮水困难户比重（%）	11.4	8.5
生活燃料拮据农户比重（%）	44.9	37.2

数据来源：国家贫困监测抽样调查及各调查民族扶贫县统计年鉴.

总体来看，自然环境是重要的自然资本，自然环境的优劣与民族地区贫困民众脆弱性状态息息相关。相比于西北民族地区，西南民族地区如广西瑶族聚居区的自然环境与自然资本状况较为优良，但是近些年由于城镇化的推进及园区开发等一些人为因素的影响，一些地区自然环境质量下降十分明显，自然生态失衡现象异常严重，自然灾害频发，深度影响了当地民众的日常生活。由此可以看出，环境治理与生态修复已经成为新时期反贫困和抑制贫困脆弱性的重大举措和现实问题。

3.2.1.2　物质资本

物质资本是贫困群体生计资本的重要构成部分，主要用来满足贫困群体生产之需，以此区别于“天然”、不可抗拒的自然资本和满足个人消费效用的消费品。从拥有形态上看，可将物质资本划分为公共物质资本和家庭拥有的物质资本。前者主要包括道路、电力、通信、灌溉、医疗卫生等基础设施，是促进贫困者生计多元化的前提条件；后者是家庭拥有的可用于平滑负向冲击及风险的现实资产，如房屋、耐用消费品及生产工具等。

表3-10表明，西部民族地区由于受到新一轮西部大开发、新型城镇化战略推进实施等利好因素的影响，基础设施建设已得到明显改善。从2009年至2013年，西部民族地区自然村通公路的比例已从85.6%提高到95.4%，变化十分显著；通电比例也由96.8%提高到99.3%，基本实现全覆盖。截至2013年年底，通电话的自然村也达到了96%，能接受电视节目的自然村已达97.3%。由此可以看出，西部民族地区扶贫县基础设施各项指标比重在逐渐上

升，基础设施状况也在逐年改善。

表 3-10　　　　西部民族地区扶贫县基础设施情况①

指标	2009 年	2010 年	2012 年	2013 年
通公路的自然村比重（%）	85.6	87.0	90.0	95.4
通电的自然村比重（%）	96.8	97.0	98.2	99.3
通电话的自然村比重（%）	87.3	90.0	93.2	96.0
能接受电视节目的自然村比重（%）	92.6	94.4	96.0	97.3

数据来源：国家贫困监测抽样调查及各调查民族自治县统计年鉴.

就家庭拥有的物质资本来看，无疑房屋是贫困群体的一大重要资产。从表3-11来看，截至2013年年底，西部民族地区扶贫样本县农户人均住房面积为26.1平方米，比2010年增加了2.4平方米，增幅较大，表明最近几年西部民族地区居民的住房情况有明显改善。但不同地区的住房情况也存在明显差异。如2013年年底，武陵山民族地区人均住房面积达36.2平方米，而宁夏全区农村人均住房面积则仅为25.86平方米，不及西部民族扶贫县的平均水平。从单位住房价值来看，每平方米房屋价值为275元，这表明西部民族地区扶贫县农户的住房质量普遍偏低，其住房质量问题值得关注。

表 3-11　　　　西部民族地区扶贫县农户住房状况

指标	2005 年	2010 年	2013 年
一、面积（平方米/人）	20.9	23.7	26.1
二、价值（元/平方米）	133.4	210.0	275.0
三、结构（%）			
1. 砖木	33.9	40.2	45.1
2. 竹草屋	0.8	1.0	1.2
3. 土坯屋	27.0	21.2	18.4
4. 钢筋混凝土	9.3	14.3	24.6
5. 其他	29.0	23.3	10.7

数据来源：国家贫困监测抽样调查及各调查民族自治县统计年鉴.

① 此处西部民族地区扶贫县为样本县，并非民族地区全部扶贫县资料，后续指标同.

从住房结构看，砖木与钢筋混凝土占的比重较大，尤其是钢筋混凝土结构住房的农户比例增加的幅度较大，表明住房结构正在逐步优化。但同时不能忽略的一点是土坯房与石板房、毡房等其他结构房屋所占的比重之和仍接近30%，这表明西部民族地区危房改造工程任务仍较为艰巨，居民住房建设不容懈怠。

家庭耐用消费品是贫困群体物质资本的重要构成部分。西部民族地区尤其是民族特困地区的经济社会发展滞后，农户普遍贫穷，家庭所拥有的耐用消费品状况明显低于全国平均水平。表 3-12 表明，近年来，尽管西部民族地区生活耐用品拥有状况基数较低，但该区耐用品消费情况上升势头明显，各指标（尤其是彩电和固定电话、手机等指标）增长幅度较大。但在一些特困民族地区，如笔者于 2012 年在贵州荔波县瑶山瑶族乡调研时发现，当地农村互联网建设严重滞后，通信状况普遍不佳，农村信息化“入户难”问题凸显。在瑶山瑶族乡的一些村子里，许多瑶族农户既没有固定座机电话，又无移动手机，摩托车等交通工具也较为匮乏。“出门靠走，通信靠吼，治安靠狗”在当地绝不是空洞描绘，而是物资缺乏的生动写照。

表 3-12　　西部民族地区扶贫调查县农户耐用消费品情况

指标	2005 年	2010 年	2013 年
自行车（辆/百户）	34.2	29.9	46.6
电冰箱（台/百户）	6.9	22.3	58.2
摩托车（辆/百户）	21.8	44.0	51.3
彩电（台/百户）	60.8	90.9	120.3
固定电话、手机（部/百户）	42.4	123.6	184.2

数据来源：国家贫困监测抽样调查及各调查民族自治县统计年鉴.

3.2.1.3　人力资本

在西部民族地区，人力资本是贫困群体最为倚重的生计资本，人力资本状况直接决定了贫困人群驾驭其他生计资本的能力与范围。从构成来看，人力资本一般划分为家庭劳动力数量与质量两个方面，而劳动力质量涉及个体健康状况、受教育程度、技能掌握情况等。实践证明，人力资本状况与贫困群体贫困状态高度相关，一般而言，劳动力质量越高，越容易脱贫，反之则越容易陷入贫困状态。通常评估一个家庭或地区的人力资本状况，主要考察其劳动力受教育程度及身体素质两项指标。

儿童教育事关一个民族或国家未来的发展前景，也直接影响着地区的人力资本状况。以四川甘孜藏族自治州、阿坝藏族羌族自治州、凉山彝族自治州“三州”地区为例，从表3-13来看，与全国平均水平相比，四川“三州”地区小学学龄儿童净入学率与之接近，相差不大，但初中、高中阶段净入学率与之相比，明显偏低，尤其是高中阶段，入学率最高相差了约25个百分点，这表明当前“三州”地区人力资本质量较低，人力资本发展还有漫长的道路要走。

表3-13 2013年四川“三州”地区与全国各级教育阶段入学率比较

地区	小学学龄儿童净入学率（%）	初中净入学率（%）	高中净入学率（%）
甘孜藏族自治州	98.91	86.10	61.05
阿坝藏族羌族自治州	99.70	85.20	63.20
凉山彝族自治州	98.14	85.30	65.70
全国	99.71	97.83	86.00

数据来源：《2013年全国教育事业发展统计公报》及四川“三州”各地区统计年鉴.

根据赵曦（2009）在四川甘孜藏族自治州的一项调查表明，甘孜全州18个县326个乡中，只有6个县148个乡普及了九年义务教育，而仅有16个县320个乡镇保障了初等教育的正常开展，全州文盲、半文盲的比例高达22%。在甘孜藏区，仍有一定比例的藏民不懂汉语，更谈不上读书看报，农业科技普及及推广应用难度较大。此外，根据2011年《中国农村贫困监测报告》对西部民族地区调查样本县的统计表明，2010年在民族扶贫县农村劳动力中，文盲、半文盲占13.6%，小学文化程度占35.3%，初中文化程度占41.1%，高中及以上文化程度占10.0%。“十一五”期间，民族扶贫县农村文盲、半文盲劳动力比重有一定程度的降低，比例从之前的16.9%下降到13.6%；而初中、高中文化程度的农村劳动力比重也从44.6%提高到51.1%，但仍低于国家扶贫重点县的同数据平均比重（57.6%）。这也在一定程度上反映了西部民族地区人力资本发展滞后的现状。

表3-14是广西瑶区样本村贫困农户家庭小学、中学辍学原因情况，从中可看出家庭经济困难、入不敷出是当地中小学生辍学最主要的原因。其中，小学阶段因为此原因辍学所占比例为62.38%，而中学阶段所占比重也高达56.6%。无学习兴趣、不想学习也是当地中小学生辍学的一个重要原因，这从一个侧面也反映了西部民族地区教育发展落后，一些地区尊师重教的社会风气

不浓厚，教育生态环境欠佳。当地学生辍学的原因还有“无老师、无校舍、距学校较远”“家庭缺少劳动力”“升学失败”等。近年来我国农村地区为减轻公办教学的负担，纷纷实行撤销村办小学，合并到乡办小学，这使得一些偏远地区山区的低年级小学生上学不便，只能由父母陪同，无形中加重了本就不富裕的家庭负担。

表 3-14　　广西瑶区样本村贫困农户家庭小学、中学辍学原因　　（单位:%）

辍学原因	小学阶段辍学原因	中学阶段辍学原因
家庭经济困难	62. 38	56. 60
无学习兴趣	17. 60	18. 52
无老师、无校舍、离学校路途太远	11. 35	6. 31
缺少劳动力	3. 20	7. 34
升学失败	3. 50	8. 30
其他	1. 97	2. 93

数据来源：潘泽江. 中国特困民族地区农户脆弱性问题研究［M］. 北京：科学出版社，2013.

身体素质是人力资本的另一个重要方面，因病致病、因病返贫是脆弱性农户致贫、返贫的重要原因。从对西部民族扶贫县 2 318 个被调查自然村的医疗状况可以看出，从数量来看，西部民族地区医疗条件逐年改善，但仍落后于全国平均水平。到 2013 年年底，西部民族扶贫县有 86. 1%的村有卫生室，有 86. 6%的村配有乡村医生或卫生人员，有 83. 3%的村有合格接生员。根据四川大学华西公共卫生学院课题组对宁夏原州区、四川康定县（今康定市）及云南镇雄县三西部少数民族地区 107 所卫生室和 88 名村医所做的定量调查与定性访谈得出，西部少数民族地区村卫生室基础设施落后，用房普遍不规范，大多数村卫生室办在村医家中或村医所租房子里，医疗场所极为简陋；88 名村医中，66%为中专或高中学历，33%为初中及小学学历，其中一些甚至不识字；三县区的村卫生室资产和收入水平总体不高且相差大，大多数村医仍需靠务农补贴生活。①

医疗卫生设施的落后为西部民族地区民众身体素质低下埋下了伏笔。据笔

① 储灏，等. 西部少数民族地区村卫生室卫生服务能力现状研究［J］. 现代预防医学，2013（7）：1273.

者在四川甘孜州藏区调查的情况看，有23%的贫困人口长期体弱多病。在西部民族扶贫县中，该指标比重也达到了4.04%，病人看病支出约占家庭收入的一半以上。甘孜州色达县约有20%的人患有高原性心脏病，同时包虫病、大骨节病的发生率也较高。由此可见，西部民族地区农牧民因病致贫、因病返贫现象广泛存在。新型合作医疗的开展为民族地区贫困农户及时就医、遏制地方病提供了便利和积极作用，根据表3-15所示，2013年年底，西部民族地区居民参加新农合的比例已达96.1%。又据《甘孜州2013年国民经济和社会发展统计公报》数据显示，甘孜全州2013年新农合覆盖率继续保持在100%，参合率达98.12%。从生病时能否及时就医的比例来看，能及时就医的比例达90.3%，比2010年增加了接近3个百分点。在不能及时就医的原因中，“经济困难”是首要致因，“医院偏远”所占比重也较大。由此可见，深化民族地区医疗体制改革，完善新农合制度，增强西部民族地区贫困农户的医疗保障及共享医疗保健服务的可及性，对于提升西部民族地区贫困脆弱性群体的健康素质、防范因病致贫、返贫具有十分重要的现实意义。

表3-15 **西部民族地区扶贫样本县医疗健康状况** （单位:%）

指标	2005年	2010年	2013年
一、卫生设施			
1. 有卫生室的村	66.7	75.7	86.1
2. 有合格接生员的村	65.6	72.2	83.3
3. 有合格卫生员的村	67.9	75.3	86.6
二、参加新农合的农户比例	20.9	93.8	96.1
三、健康状况			
1. 残疾	1.0	1.4	1.67
2. 患有大病	0.3	0.4	0.53
3. 患有长期慢性病	1.4	1.1	1.02
4. 体弱多病	3.7	3.8	4.04
5. 健康	93.6	93.3	92.74
四、有病能否及时就医			
1. 能	80.2	87.8	90.3
2. 不能	19.8	12.2	9.7

表3-15(续)

指标	2005 年	2010 年	2013 年
五、不能及时就医的原因			
1. 经济困难	64.3	51.9	46.5
2. 医院偏远	27.6	35	32.3
3. 小病无须医治	4.9	3.7	5.2
4. 未重视	2.3	3.7	3.5
5. 无空闲时间	0.8	1.2	1.4
6. 其他	0.1	4.5	11.1

数据来源：国家贫困监测抽样调查及各调查县统计年鉴.

3.2.2 西部民族地区农户的金融资本与民族文化资本

3.2.2.1 金融资本考察

贫困群体的金融资本是指其赖以谋求生计目标的所有金融资源，是一个广义的概念，覆盖的内容包括储蓄、贷款、借款、养老金、救济款、补贴款、经营收入、劳务报酬以及外出务工人员寄回的汇款等。长期以来，西部民族地区经济发展落后，财政状况欠佳，捉襟见肘为常态，地方财政难以对民族地区农村进行大规模资金投入，民族地区农村正规金融发展举足不前，“失血”现象较为普遍，贫困人群资金来源渠道更为狭窄，金融资本状况不良。以宁夏西海固地区为例，位于宁夏中南部干旱带的西海固，由于极度资源性干旱缺水，素来被认为“贫瘠甲天下”或“苦甲天下”。由表 3-16 可看出，2013 年，西海固地区样本县同心县、海原县、西吉县、泾源县农民家庭人均总收入均未超过 5 000 元，而同期全国农村居民人均纯收入为 8 896 元，前者差不多为全国平均水平的一半。

表 3-16　　宁夏西海固地区样本县农民家庭人均现金收入结构（2013 年）

指标	同心县	海原县	西吉县	泾源县
一、家庭总收入（元）	4 532.86	4 225.33	4 658.45	4 314.74
1. 工资性收入	1 832.06	1 966.63	2 195.11	1 849.05
2. 家庭经营收入	2 339.24	1 990.27	2 180.54	1 985.01

表3-16(续)

指标	同心县	海原县	西吉县	泾源县
其中：一产业纯收入	2 126.91	1 678.85	1 991.06	1 759.09
3. 财产性收入	25.81	24.50	3.39	19.80
4. 转移性收入	335.75	243.93	279.41	460.88
二、构成（%）				
1. 工资性收入	40.42	46.54	47.12	42.85
2. 家庭经营收入	51.61	47.10	46.81	46.01
其中：一产业纯收入	46.92	39.73	42.74	40.77
3. 财产性收入	0.57	0.58	0.07	0.46
4. 转移性收入	7.41	5.77	6.00	10.68

数据来源：据 2014 年宁夏统计年鉴及各县统计年鉴资料整理得到.

从上述四县农村家庭现金收入构成来看，除西吉县外，其余三县家庭经营性收入比重都是最大，接近一半或超过一半。在西海固地区，从家庭经营收入内部比重来看，第一产业纯收入占据了绝对领先优势，都在80%以上，而且第一产业人均纯收入也占到了该地区家庭人均现金总收入的40%左右。这些地区家庭经营收入来源主要包括了农作物种植、家禽家畜养殖及花卉、马铃薯等特色农业。除家庭经营收入以外，工资性收入对家庭现金总收入贡献额度也较大，占到40%以上，构成了农民收入的重要来源，而外出务工已成为当地贫困农户获取工资性收入的主要形式之一。据统计，2012 年，仅有 150 余万人口的固原市，就有 30 余万青壮年劳动力外出务工，务工收入占当年农民人均纯收入的 44%。财产性收入在西海固地区对民族地区居民的贡献可谓微不足道，贡献比重均不到 1%。而转移性收入虽然所占比重不大，但已成为当地民族群众一项较为稳定的收入来源。转移性收入主要包括几个方面：一是退耕还林等生态补偿，二是国家种粮补贴和生产资料补贴，三是扶贫款、救济款等转移支付款项。

研究了西部民族地区贫困群体现金收入结构以后，有必要对现金支出结构进一步研究。根据笔者对青海玉树、海西等少数民族地区样本数据整理得到，如表 3-17 所示，玉树、海西等少数民族调查地区 2013 年农村人均现金支出为 5 535.56 元，比当年人均纯收入多出 1 043.71 元，表明当地大多数贫困农户入不敷出，生活极为贫苦。从现金支出结构来看，生活消费现金支出所占比重最大，占到了家庭全部现金支出的 78.25%；家庭经营性人均支出为 659.17 元，占 12.35%，而家庭经营费用支出主要是当地农业、牧业支出，二者占到家庭经营总费用支出的80%以上；购买生产性固定资产现金支出与税费现金支出比重最低，分别为 3.31%和 0.001 5%，反映出农牧民在生产性技术改良方面投资能力有限，投资意愿不强，以及青海民族地区税费压力较小；转移性现金支出与财产性现金支出比重也较低，分别为 5.88%和 0.05%。

表 3-17　　青海玉树、海西等少数民族农村贫困样本户人均现金支出结构（2013 年）

指标	金额（元）	比重（%）
一、家庭现金支出	5 335.56	—
1. 家庭经营现金支出	659.17	12.35
2. 购买生产性固定资产现金支出	176.54	3.31
3. 税费现金支出	0.08	0.001 5
4. 生活消费现金支出	4 174.85	78.25
5. 转移性现金支出	313.72	5.88
6. 财产性现金支出	2.71	0.05
二、全年人均纯收入	4 291.85	—

数据来源：根据青海统计年鉴及各调查县统计年鉴资料整理.

为了进一步考察青海玉树、海西民族地区贫困农户生活消费现金支出结构情况，笔者对相应的数据做了统计。如图 3-2 所示，在总额为 4 174.85 元的生活消费现金支出中，食品消费为 1 819.09 元，占比超过 43%。排名第二的是居住消费支出，占比为 19%，这表明西部民族地区住房建设支出力度较大。排在第三位的是医疗保健支出和交通通信支出，占比均为 9%，这表明随着西部民族地区通村公路等基础设施建设的加快，部分条件较为宽裕的当地家庭购买了代步工具，如摩托车等，另外，随着移动信号的全覆盖和升级，许多贫困农户也购买了手机等移动通信设备，增加了这方面的消费支出。

西部民族地区借贷活动较为频繁，非正规金融发展较为迅速。笔者于 2012 年 7—8 月在宁夏银川、吴忠等地调研发现，这里的回族、汉族群众中借贷活动盛行，一般表现形式为普通的借贷活动与地下钱庄，个别借贷规模还比较大。如银川市兴庆区通贵乡的一户王姓村民在 2011 年、2012 年这两年每年向邻里乡亲借款 3 万元，用于养殖家禽生意的日常运转，而当地农村信用社每年给其贷款的额度一般只有 5 000 元左右，与其实际融资需求相比可谓杯水车

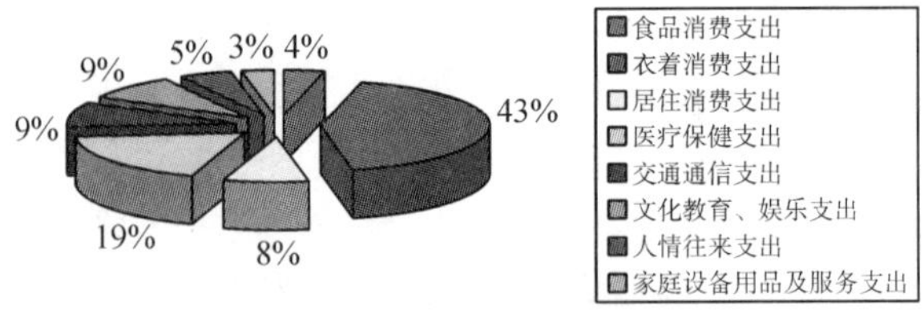

图 3-2　青海玉树、海西等少数民族农村贫困样本户生活消费现金支出结构图

薪。当地只有很少的群众个体向农信社贷过款，而且贷款数额一般都会小于 2 万元，贷款用途主要是农作物种植以及家禽、牲畜的养殖等。在调研过程中笔者还了解到，吴忠市盐池县民间借贷资金绝大部分用于生产性经营，借贷总体规模约为 8 000 万元。

3.2.2.2　社会及民族文化资本考察

社会资本这一概念源于 20 世纪 80 年代，它主要是指行为主体通过社会网络获得的能够带来价值的资源。在民族地区贫困脆弱性分析框架中，将其定义为脆弱性人口为谋求发展和生计策略所利用的社会网络，具体包括其参加的社区组织和以家庭为单位构建的社会网络。以云南西双版纳基诺乡为例，如表 3-18所示，对于"有无亲友在城市居住""困难时有无亲戚帮忙""家中是否有能帮得上忙的亲戚"这三个问题，给予肯定回答的农户分别占样本总数的 26.6%、57.1%和 8.9%，充分显示出基诺乡当地农村居民的亲友网络不强，人际圈子相对封闭，在遭遇风险冲击和生活困难时，网络内的求助能力和接济能力相当有限。对于"家里是否有村干部""是否获得过农技站支持""是否得到村委会扶持"这三个问题，受调查农户给予否定回答的比例分别为 93.7%、94.9%、、80.7%，可见作为人口较少民族的基诺族的基层组织非常薄弱，为普通民众提供的服务能力也较为有限，公共管理与社区服务职能形同虚设，强化该地区的基层治理能力势在必行。

表 3-18　　云南基诺乡样本农户社会网络状况

项目	肯定回答的农户		否定回答的农户	
	户数（户）	比重（%）	户数（户）	比重（%）
有无亲友在城市居住	105	26.6	289	73.4
困难时有无亲戚帮助	225	57.1	169	42.9
家里是否有村干部	25	6.3	369	93.7

表3-18(续)

项目	肯定回答的农户		否定回答的农户	
	户数（户）	比重（%）	户数（户）	比重（%）
是否获得过农技站支持	20	5. 1	374	94. 9
是否得到村委会扶持	76	19. 3	318	80. 7
家中是否有能帮得上忙的亲戚（得力亲戚）	35	8. 9	359	91. 1

数据来源：该表数据由笔者所在的课题组，即“金融支持与少数民族减贫策略研究”调研小组 2012 年年底赴西双版纳基诺乡开展问卷调查所获得的数据整理而成. 该问卷入户发放 450 份，有效回收 394 份.

构建多层次的社区网络是抑制脆弱性的有力屏障。图 3-3 显示，基诺乡居民参与社区组织的情况让人担忧。在回收的 394 份样卷中，有高达 81%的居民没有参加任何组织，仅有 7%的人参加了种养协会，各有 5%的人参加了经济合作社和农民协会等组织，这些数据充分显示当地居民生产经营仍停留在自给自足、单打独斗的发展阶段，农村社会化组织程度异常薄弱。贫困群体组织化程度低是西部民族地区的一个普遍特征，该特征直接导致了贫困家庭在农副产品出售、生产物资购买、市场信息获取等方面存在诸多困难，增加了市场交易成本，也造成了贫困群体陷入更加边缘化、弱势化的境地。

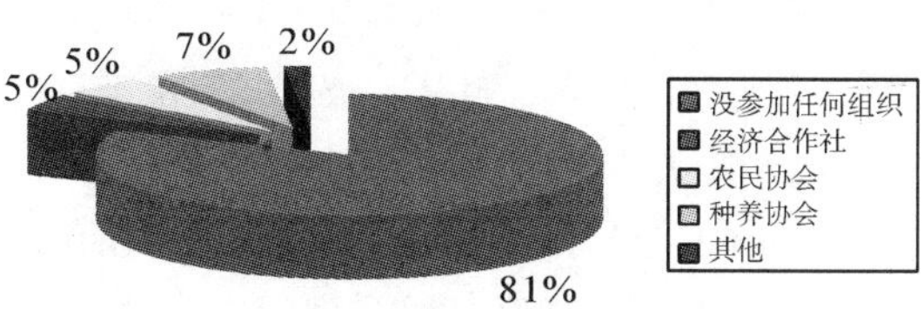

图 3-3　基诺族样本农户参与社区组织情况

西部民族地区的民族文化资本也是民族地区群众拥有的特色生计资本。最先正式提出“文化资本”理论的是布迪厄（1997）。他提出：“文化资本有三种存在形态：第一种是以精神或肉体为载体，具有持久‘性情’的具体形式；第二种是以图片、图书、影像、文字等文化产品形式存在的客观形态；最后一种是以差异化视角客观看待形式存在的体制形式。”布迪厄理论出发点在于人为地探究经济价值与文化价值之间的内在关联，用以指导和引导生产经营活动的可持续性。以羌族为例，羌族源于古羌，现主要分布在四川阿坝藏族羌族自治州。古羌人作为华夏族的重要组成部分，以牧羊著称于世，不仅为我国农耕文明做出了巨大贡献，而且对我国悠久的历史与中华民族的形成发挥了独特作用。千百年来，羌族创造了灿烂的传统文化，积累了丰厚的羌族文化底蕴。羌笛、唢呐等羌族乐器，酒歌、山歌等形式多样的民歌，具有强烈艺术感染力和生命力的羌族舞蹈，挑花、刺绣等别具一格的羌族民间工艺，朴素美观、风格独特的羌族服饰，碉楼、竹索桥等特色建筑都是独具魅力的羌族民俗文化的代表之作。

据笔者 2013 年 8 月在汶川县水磨镇调研的情况来看，当地绝大多数羌族群众认为该地的村寨（碉楼和碉房为主要形式）具有丰富的文化特色，对本民族的文化认同感较强。同时，走访的大多数家庭均认为本地的羌族特色文化值得开发利用，如羌族服饰、羌族舞蹈、羌族饮食等特色资源应大有可为，并建议可通过开发旅游节、打造特色农家乐等赚取收益。可见当地羌族群众对开发本民族特色文化资源的热情较高，羌文化开发潜力尚有待挖掘。当前，随着新型城镇化的发展，一些西部民族地区传统民俗文化日渐式微和衰落，如何传承发展独特悠久的民族文化是许多地区共同面临的难题。在新形势下，积极探索西部民族地区传统文化传承模式，努力探寻民族文化资源资本化的践行路径，比以往更显紧迫和重要。

3.3 西部民族地区贫困脆弱性的技术测度

贫困脆弱性是一个前瞻性概念，自从它被正式提出来后，就迅速引起了学界的广泛讨论。关于脆弱性的度量，主要包括如下几个方面的内容：一是 Christiaensen 和 Subbarao（2001）等人提出的作为期望贫困的脆弱性（Vulnerability as Expected Poverty，VEP），其度量公式为：$V_{ht}=E[p(c_{h,\ t+1},\ z)]\mid I_t$，其中，$p(c,\ z)$ 是贫困评估中最常用的 FGT 指标；二是 Ligon 和 Schechter（2002）等学者提出的风险福利损失，也即期望效用的脆弱性（Vulnerability as Low Expected Utility，VEU），其度量公式为 $V_{ht}=U_h(z)-E[U_h(c_{ht+1})]$；三是 Dercon 和 Krishman（2000）定义的风险暴露程度及风险抵御能力（Vulnerability as Uninsured Exposure to Risk，VER），其基本含义是若一个家庭的消费支出与风险冲击呈共同变动趋势，则表明该家庭缺少应对风险冲击的生计资本和消费平滑能力，因而对冲击表现得更为敏感，这属于脆弱性特质。从上述“脆弱性”的定义可以判断，贫困脆弱性概念是一个宽泛的学术概念，从目前国内外学者研究进展来看，贫困群体的脆弱性除了与其直接相关的收入贫困脆弱性以外，还包括了健康以及来自社会排斥等风险方面的脆弱性。

3.3.1 贫困脆弱性技术测度的理论基础

3.3.1.1 脆弱性群体收入模型的选择及收入概率分布

从已有脆弱性测度文献梳理结果来看，大致可分为三类：第一类是用收入和消费的动态性来度量；第二类是以当前收入或消费为基期福利，利用预期消费支出与贫困线之间的差额进行测度；第三类结合大数定律，运用贫困群体未来陷入贫困的概率进行测度，该方法在一定程度上弥补了第一、二类贫困静态的缺陷，学界多以此方法测算贫困群体的脆弱性。本研究在参考潘泽江（2013）以及李丽、白雪梅（2010）等人的研究成果的基础上，同时结合西部民族地区群众收入总体偏低的客观现实，将贫困群体收入模型确定为：$V_{ht} = \int_{-\infty}^{\ln Z} f(\ln Y_{h,\ t+1})\, d(\ln Y_{h,\ t+1})$，其中，$V_{ht}$ 为未来贫困群体收入低于贫困线的概率；$\int_{-\infty}^{\ln Z} f(\ln Y_{h,\ t+1})$ 为收入分布函数形式；Z 为贫困线。

对于 $\int_{-\infty}^{\ln Z} f(\ln Y_{h,\ t+1})$ 概率分布函数的推导，从已有文献看，主要有两种方法：第一种是以可观测的消费的动态时间数据模拟生成分布函数，然后再由分布函数根据收入消费原理推导出未来收入的概率分布函数。第二种方法假定贫困群体未来收入与消费服从某种分布函数，如正态分布函数。关于收入分布的函数形式，Harrison 等发现伽马分布更适合一个国家或地区中产阶级的收入分布形式，而 Cowell（1995）等人则认为帕累托分布更适合中等以上收入群体的分布函数，正态分布对数化高收入的尾部密度小于帕累托分布，与低收入人群的收入特征相契合。由此，笔者根据西部民族地区民众的“贫困”特征，在参考 Chaudhuri（2002）、章元（2009）、潘泽江（2013）等人较为成熟的研究成果的基础上，将收入概率密度分布函数设定为：$f(\ln Y_{h,\ t+1}) = \frac{1}{(\ln Y_{h,\ t+1})\sigma_i \sqrt{2\pi}} e^{-(\ln Y_{h,\ t+1} - \mu_i)^2/(2\sigma_i)^2}$，在确定收入概率分布具体函数形式后，下一步的重点将是估计分布函数的期望值与标准差。

3.3.1.2 脆弱性群体收入的数学期望和标准差计算

从前人的研究成果来看，对于脆弱性群体收入的数学期望与标准差值的估算主要有三种方法。第一种是基于弗里德曼的持久收入理论，该理论核心思想是长期消费性支出是决定持久性收入的主因，且收入流量长期（3 年以上）稳定，根据这一理念，可将脆弱性群体的跨期收入期望与方差设定为未来收入概率分布的数学期望与方差，即 $\mu_{\ln y} = \frac{1}{T}\sum_{t=1}^{T} \ln y_t$，$\sigma^2{}_{\ln y} = \frac{1}{T-1}\sum_{t=1}^{T} (\ln y_t - \mu_{\ln y})^2$。

这一方法曾被 Jalan、Ravallion（2000），Baulch、McCulloch（2002）等运用于对中国、巴基斯坦等发展中国家的研究，该方法也是目前学界运用较广的一种方法。第二种方法是基于观测数据，利用一些变量，构建家庭、社区、地区或国家特征的回归模型，由此估计得出的收入值就被视为未来收入的均值，在此基础上再求算方差值。这种方法以 K. hl（2003）对埃塞俄比亚的脆弱性测度最具代表性。最后一种方法是注重样本的异质性，利用收入方程的残差值对家庭特征的回归方程进行收入方差估计。该方法被 Chaudhuri（2002）等人运用测度了印尼、菲律宾等东南亚国家的脆弱性问题。三种方法中，第一种方法运用较广，且较为直观。而且笔者发现，本研究所获得的西部民族地区收入决定变量难以精确确定，不同程度地出现了数据缺失的问题，这将不利于保证基于回归法的脆弱性测度的连续性和精确性。为此，本研究将采用第一种方法，即以统计年鉴中直接得出的西部民族地区人均纯收入的跨期均值与方差作为未来收入分布函数的均值与方差。

3.3.1.3 贫困线及脆弱线的选择

本研究所采用的永久性收入计算框架有间接法及直接法两种。万广华、章元（2009）等人认为直接法计算出的“脆弱性”精确性较高。另外，贫困线与脆弱线的选择也影响着脆弱性的测度。一般来说，贫困线选择的依据有 1 美元/天、1.25 美元/天和 2 美元/天。我国于 2011 年对贫困线进行了调整，调整到农村居民人均纯收入为 2 300 元，为此，当前众多学者在在测算贫困“脆弱性”时，一般选择 1 美元/天的贫困线标准。而对于脆弱线，其常用标准一般有两条：第一条是可观测到的贫困发生率，也为低脆弱率，如一个地区贫困发生率为 30%，则表明如果该地区居民如若未来陷入贫困的概率为 30%及以上，可认为该地区是脆弱的；第二条是 50%，在实际运用过程中，Pritchett（2002）、万广华（2014）等人均采用了这一脆弱性标准，Chaudhuri（2002）等还将此标准设置为“高脆弱线”，即在此标准线下，一个地区或家庭未来陷入贫困的概率超过 50%时，即被视为脆弱的。基于前人的研究基础，本章将采用 1 美元/天的贫困线与 50%的脆弱线作为西部民族地区城乡居民的贫困脆弱性测度标准。

3.3.2 西部民族地区贫困脆弱性的技术测度与结果分析

3.3.2.1 数据说明及前期处理

西部民族地区贫困脆弱性的技术测度数据来源于西部民族地区各自治州、

自治县及多民族地级市城乡居民2000—2013年人均收入①。所选取的样本囊括了西部所有的自治州、多民族地级市。所选择的地级市样本如表3-19所示。

表3-19 西部民族地区脆弱性测度样本

新疆维吾尔自治区	吐鲁番地区、哈密地区、昌吉回族自治州、伊犁哈萨克自治州、博尔塔拉蒙古自治州、巴音郭楞蒙古自治州、阿克苏地区、克孜勒苏柯尔克孜自治州、喀什地区、和田地区
青海省	海东地区、海西蒙古族藏族自治州、海北藏族自治州、黄南藏族自治州、海南藏族自治州、果洛藏族自治州、玉树藏族自治州
宁夏回族自治区	石嘴山市、固原市、吴忠市、中卫市
甘肃省	甘南藏族自治州、临夏回族自治州、酒泉市
内蒙古自治区	呼伦贝尔市、锡林郭勒盟、赤峰市、乌兰察布市
广西壮族自治区	河池市、柳州市、桂林市
西藏自治区	拉萨市
云南省	普洱市、怒江傈僳族自治州、文山壮族苗族自治州、大理白族自治州、红河哈尼族彝族自治州、西双版纳傣族自治州、迪庆藏族自治州、楚雄彝族自治州、德宏傣族景颇族自治州
四川省	甘孜藏族自治州、阿坝羌族藏族自治州、凉山彝族自治州
重庆市	石柱土家族自治县、酉阳土家族苗族自治县
贵州省	黔西南布依族苗族自治州、黔东南苗族侗族自治州、黔南布依族苗族自治州

样本选择依据的标准有两个。第一个是地级市覆盖的少数民族众多，如云南的普洱市在行政区划上包括了思茅区、墨江哈尼族拉祜族自治县、宁洱哈尼族彝族自治县、景东彝族自治县、景谷傣族彝族自治县、镇沅彝族哈尼族拉祜族自治县、江城哈尼族彝族自治县及孟连傣族拉祜族佤族自治县、澜沧拉祜族自治县、西盟佤族自治县。又如广西河池市行政区划上包括了罗城仫佬族自治县、环江毛南族自治县、巴马瑶族自治县、大化瑶族自治县及都安瑶族自治县等人口较少民族及瑶族代表性县域地区。选择这样的样本代表性较强，同时也有助于弥补未能直接探讨西部民族自治县脆弱性状况的缺陷。第二个标准是所涉及的地级市覆盖的国家贫困县广泛，要求样本覆盖的针对性强。如内蒙古巴

① 这里的收入为城市居民可支配收入与农村居民人均纯收入加权后的收入，尽管城乡居民收入统计口径不一致，但按照西部民族地区城乡差别程度确定出较为科学的权重后，能在一定程度上反映当地居民整体收入水平.

林左旗、巴林右旗、科尔沁左翼中旗、科尔沁左翼后旗、库伦旗、察哈尔右翼前旗、察哈尔右翼中旗、察哈尔右翼后旗均在2014年的国家级贫困县名单中，而这些贫困县域多分布在赤峰市、乌兰察布市、锡林郭勒盟及呼伦贝尔市等地区，因此在选择内蒙古地区的样本时，考虑了这一因素。值得一提的是，重庆地区所覆盖的少数民族自治地区有石柱土家族自治县、秀山土家族苗族自治县、酉阳土家族苗族自治县、彭水土家族苗族自治县，考虑到数据获得便利性及民族代表性，本研究所选择的样本为石柱土家族自治县和酉阳土家族苗族自治县。西藏地区由于整体经济社会发展水平滞后，人均收入在西部民族地区也偏低，所以在选择样本时笔者选择了拉萨市作为研究样本。

前人（潘泽江，2013；郭劲光，2011）在测度贫困地区脆弱性时所采用的样本多为微观个体收入样本，而本研究所测度的脆弱性研究对象为西部民族地区自治州、自治县及多民族地级市城乡居民人均收入，虽然样本形式存在差异，但脆弱性测度的核心内容——人均收入构成较为一致。本研究所测度的收入项由四大类13小类构成。四大类具体内容为工资性收入、家庭经营性收入、财产性收入和转移性收入。13小类包括了种粮收入、贫困补贴收入、低保收入、退耕还林还草、种粮补贴收入等项目。本研究在数据处理过程中，剔除了通货膨胀的物价指数的影响，然后依照脆弱性测度的理论基础，计算出数学期望值与标准差，采用此处理结果得出脆弱性指数（脆弱率）。在脆弱性测度研究文献中，一些学者采用了“中国健康与营养调查”（China Health and Nutrition Survey，CHNS）的数据，该数据由中国疾病预防控制中心与美国北卡罗来纳大学联合组织采集。相关采集工作前后组织了8次，所调查的样本为4 000多个家庭单位，利用其所获得的一手数据进行各种经济学分析，研究结论具有一定学术影响力。本章节也将会把西部民族地区贫困脆弱性测度结果与其比较分析。

3.3.2.2 测度结果与分析

在脆弱性测度的理论框架下，测算贫困群体陷入贫困线以下的脆弱率通常由高脆弱率与一般脆弱率构成①。本章在测度结果基础上进行了分类。根据刘燕华（2007）、郭劲光（2010）等人对脆弱性测度的分类结果，同时结合西部民族地区的经济社会发展状况，将脆弱性按照轻重程度分为了四个等级，即低脆弱度、中脆弱度、偏高脆弱度及高脆弱度（如表3-20所示）。

① 本书在测算西部民族地区贫困脆弱性时，有的地区的人均收入高于国家贫困线，而有的地区的人均收入是低于国家贫困线的，所以在整体测度时，并未完全按照贫困线的标准来计算，得出的结果也只是一个大体参考.

表 3-20　　西部民族地区脆弱性测度结果及分类（2013 年）

脆弱性等级	Ⅰ		Ⅱ		Ⅲ		Ⅳ	
脆弱性等级描述	0.4 以下（脆弱程度低）		0.4~0.42（脆弱程度中）		0.42~0.44（脆弱程度偏高）		0.44 以上（脆弱程度高）	
地区	吐鲁番	0.397	博尔塔拉州	0.400	海东	0.435	克孜勒苏州	0.457
	哈密	0.387	喀什	0.420	甘孜州	0.423	和田	0.443
	昌吉州	0.381	石柱县	0.406	乌兰察布	0.435	黄南州	0.444
	伊犁州	0.396	酉阳县	0.405			果洛州	0.444
	巴音州	0.378	凉山州	0.407			玉树州	0.444
	阿克苏	0.392	阿坝州	0.415			黔西南州	0.445
	海北州	0.390	赤峰	0.403			黔东南州	0.445
	海南州	0.391	红河州	0.416			黔南州	0.445
	海西州	0.395					固原	0.444
	石嘴山	0.398					甘南州	0.443
	吴忠	0.392					临夏州	0.443
	中卫	0.396					河池	0.445
	酒泉	0.399					普洱	0.444
	呼伦贝尔	0.392					德宏州	0.444
	锡林郭勒盟	0.397					楚雄州	0.443
	柳州	0.388					迪庆州	0.444
	桂林	0.394					文山州	0.443
	拉萨	0.392					怒江州	0.464
	西双版纳州	0.392						
	大理州	0.392						

从测度值结果来看，所测度的样本最低值为巴音郭楞蒙古自治州，脆弱性指数为 0.378，最高值为怒江傈僳自治州，其值为 0.464，两者相差为 0.086，表明西部民族地区内部差异程度较为显著。从测度数值分布结果来看，西部民族地区脆弱性程度体现出“两头大、中间小”的脆弱性格局，在所选的 49 个民族自治州、自治县及地级市样本中，有 20 个为低脆弱性，而高脆弱性个数高达 18 个，二者占了所选样本总数的 77.6%，这也表明西部民族地区脆弱性

内部差异呈现出了两极分化的态势，“马太效应”明显。从具体的分布区域来看，贫困脆弱性程度较低的地区有新疆的北疆地区，如昌吉回族自治州、伊犁哈萨克自治州、吐鲁番地区及哈密地区。同时，由于近些年国家对新疆尤其是对南疆地区的大力支援、对口援建以及一系列优惠政策的制定，这一地区民生得到了大幅改善，居民收入增长得到大幅提高。譬如，2014 年 5 月召开的政治局会议就提出，要把南疆地区的就业问题摆到南疆地区经济社会发展的第一位，确保贫困家庭至少有一人能够拥有一份自食其力的工作；进一步推进汉语、维语双语教学，除免费九年义务教育之外，在南疆地区还实行高中阶段学杂费全免教育政策；实施精确扶贫，对贫困进行综合治理，加大对贫困地区的民生改善力度。由于决策层及社会各界对南疆地区经济社会发展的重视，这一地区城乡居民增收效应十分显著。以 2013 年为例，巴音郭楞蒙古自治州农民人均纯收入高达 13 343 元，远高于全国平均水平，高居 49 个样本自治州(县)、地级市榜首。而同样位于南疆地区的阿克苏地区农民人均纯收入也达到了 9 657 元，同样高于全国农村居民人均收入水平。随着居民收入水平的提高，其生计资本也相应增加，消费及风险的平滑能力也不断走强，因此其脆弱性程度相对较低。

在低脆弱性行列中，还有宁夏的中卫、吴忠、石嘴山，内蒙古的呼伦贝尔、锡林郭勒盟，广西的柳州、桂林，云南的大理与西双版纳州，甘肃的酒泉与西藏拉萨等地。在这些地区中，拉萨作为西藏的首府，其经济社会发展水平代表了西藏的最高水平，经济基础相对较好，因此贫困脆弱性程度相对较低；而广西柳州得益于其西部工业重镇的特殊地位，工业基础雄厚，经济实力较强。宁夏石嘴山、吴忠、中卫近些年受益于全区“千村信贷 · 互助资金”等扶贫项目的实施，当地少数民族群众稳定脱贫，有效地抑制了脆弱性的进一步蔓延。譬如，2008—2012 年连续 5 年，互助资金被列为宁夏党委、政府 10 项民生计划之一。2012 年宁夏在全区安排了 6 600 余万元的财政扶贫资金在全区 18 个县（区）建立了互助资金，覆盖了 41 个生态移民新村和 97 个重点贫困村。截至 2012 年年底，宁夏贫困村参与互助资金村已接近 1 100 个，覆盖宁夏全区贫困自然村总数的 70% 以上，贫困农户入社率高达 60%，惠及了全区 58 万贫困群体。

中等与偏高脆弱性程度的地区主要分布在四川的“三州”地区，重庆少数民族自治县及内蒙古的赤峰、乌兰察布市，新疆的喀什地区、博尔塔拉州，青海的海东地区以及云南的红河州。这些地区呈现出的共同特征是近些年政府对其扶持力度较大，如红河州作为云南的第四大经济体，近些年来依靠其走向东盟陆路通道和桥头堡优势，经济总量和社会经济指标连年攀升，部分指标与总量甚至位列全国少数民族自治州之首，民族地区群众生活品质已有了大幅提高。四川得益于“多点多极”支撑发展战略，“三州地区”县域经济投资硬环境、软环境不断优化，基础设施不断改善，民族地区农村交通、通信等基础设施有了大幅改善，地区间错位发展、优势互补的格局初步形成，有力地促进了少数民族地区群众增收和贫困脆弱性的治理。

西部民族地区脆弱性程度较高的地区主要集中于云南的文山州、楚雄州、怒江州、迪庆州、德宏州、普洱州，贵州的“三州”地区，甘肃的甘南州、临夏州，宁夏的固原市，广西的河池市，青海的黄南州、果洛州、玉树州以及新疆的和田、克孜勒苏州。从地域分布来看，这些地区大多都位于生存环境恶劣、生态环境欠佳、经济基础薄弱、地理位置偏远的地区，这也在一定程度上验证了前文脆弱性致因的分析。从具体的脆弱性指数来看，该类高脆弱度地区呈现出趋同特征，除云南怒江州与新疆的克孜勒苏州外，其余各州（市）脆弱性指数均分布在 0.443～0.445 的区间内，表明高脆弱度地区脆弱性诱因复杂多样，贫困群体增收难极为普遍，少数民族群众脆弱性特质极为突出。同时，从数值上不难发现，省域内的地区脆弱性程度较为接近，客观上也反映出区域经济社会发展水平较为接近。如贵州的黔西南州、黔东南州、黔南州脆弱性指数均为 0.445，青海的黄南州、果洛州、玉树州三地区的脆弱性指数也同为 0.444，甘肃的甘南州与临夏州同为 0.443，除怒江州外，云南的普洱州、德宏州、迪庆州同为 0.444，而楚雄州和文山州则同为 0.443。值得说明的是，广西的河池市为多民族聚居地区，聚居着壮族、瑶族、毛南族、苗族、侗族、水族等世居民族，城乡居民受教育程度相对偏低，人力资本是其经济发展的一个薄弱环节，因而这一地区贫困的少数民族群众脱贫难度大，脆弱性相对较为突出。而宁夏的固原由于位于“苦瘠甲天下”的西海固地区，这一地区素来生存环境恶劣，经济社会发展水平偏低，民族宗教问题较为突出，因此城乡居民增收难一直是该地区发展的顽疾，而这直接影响了地区的脱贫事业向前迈进。

3.4 西部民族地区贫困脆弱性的金融治理现状

3.4.1 财政扶贫资金的支持现状

中央及地方财政扶贫资金对民族地区基础设施改善、科技文卫事业的建设进行了大规模的“供血”，有力地促进了这一区域脱贫进程的加快及脆弱特质的改变。2013 年，在倾斜性民族支持政策框架内，中央财政安排民族地区专项转移支付 464 亿元，比 2012 年增长 10.5%。2013 年，国家对西部八大民族省份（五大自治区加贵州、云南、青海三个多民族省份）的扶贫投入大幅提高，共投入财政扶贫资金 166.05 亿元，投入总量比 2012 年增加了 16.8%。2013 年中央财政专项扶贫资金预算安排见表 3-21。

表 3-21　　2013 年中央财政专项扶贫资金预算安排

分项	计划数量（亿元）
总量	390.43
发展资金	290.13
少数民族地区发展资金	36.90
以工代赈资金	41.00
“三西”资金	3.00
国有贫困林场扶贫资金	3.50
国有贫困农场扶贫资金	2.30
扶贫贷款贴息资金	5.60

数据来源：财政部官方网站.

2013 年，在“十二五”规划及推进兴边富民行动、发展少数民族事业、扶持人口较少民族三个专项规划的引领作用下，中央政府一如既往地加大了对少数民族地区的扶持力度，西部民族地区深受其益。中央政府 2013 年全年共安排人口较少民族发展专项扶持资金 14.5 亿元，比上年增长 13.1%，极大地促进了门巴族、珞巴族、独龙族等西部“小少”民族地区的基础设施建设与医疗卫生条件的改善；统筹安排兴边富民行动专项资金 27.9 亿元，少数民族特色村寨保护专项资金 4 亿元，分别比上年增长 50%和 53.8%①，较好地保护了民族地区富有民族特色的民俗建筑，尊重了当地的民族文化，加快了民族边境地区脱贫步伐。2013 年，财政专项扶贫资金新增部分主要投向于集中连片民族特困地区，同时也提高了兴边富民活动的补助标准，推进了少数民族特色村寨的保护工作，较好地实现了新型城镇化“望得见山，看得见水，记得住乡愁”的内涵。无疑，在当前及未来中央财政扶贫层面，提高财政资金使用

① 数据来源于中国发展门户网.

效率，促进连片特困地区区域发展和扶贫攻坚效益提升，将有利于西部民族地区的基础设施建设，推动民族地区教育、卫生、医疗等社会事业的发展，增添其贫困脆弱性的抑制动能。

在西部民族地区扶贫实践中，各地扶贫资金总量呈逐年递增态势，各地财政专项扶贫资金在民族地区扶贫进程中的“供血”“输血”主导作用十分突出，同时各地政府关注贫困脆弱性产生的根源及机理，强调以增强自我发展能力、内生发展的手段抑制脆弱性，以求从根本上防止贫困的反复循环。

以四川省为例，从表3-22可看出，2013年四川省第一批财政专项扶贫资金主要用于“三州”地区居民房屋修建、改造、道路、通信等基础设施建设，藏羌民众的教育、劳动技能培训，农用机械、水泥钢筋等物资资本采购，生态环境的保护、建设，现代农业发展等项目。这些用途无一例外都是从自然资本、物质资本、人力资本、社会及民族文化资本等方面增强民族地区困难群众的生计资本，从生计资本构建的维度让更多的民族地区困难群众得到有效帮扶，以彻底摆脱返贫、慢性贫困的“宿命”，并拓展了财政扶贫和广义金融减贫的内生含义。

表3-22　2013年四川省第一批财政专项扶贫资金民族地区分配表

项目	金额（万元）	涉及民族地区	备注（用途）
彝家新居室内设施配置资金	7 542.3	乐山市、凉山州彝族聚居区	用于2012年彝家新寨建设中25 141户贫困户新建房屋室内“四件套”
劳务扶贫工程	5 028	甘孜州、阿坝州、凉山州	主要用于藏、羌、彝族贫困群体学习、食宿补助，补助标准为人均1 200元
贫困村农户固定监测点补助资金	15	甘孜州理塘县、凉山州雷波县	用于理塘、雷波贫困村农户固定监测点样本户及辅调员补助，样本户补贴标准为220元/年，辅调员为每年1 600元
少数民族发展资金	700	甘孜州的色达县、雅江县，阿坝州的壤塘县、金川县，凉山州的德昌县、喜德县	用于特色村寨保护建设所需水泥、钢材、砂石等建筑材料和施工设备租赁费用
大小凉山综合扶贫开发彝家新寨建设资金	77 455	乐山市、凉山州彝族地区	用于彝家新寨项目村交通、通信等基础设施建设

表3-22(续)

项目	金额（万元）	涉及民族地区	备注（用途）
凉山州安宁河谷地区贫困村建设资金	1 000	德昌、会理、会东、宁南、冕宁等县	用于安宁河谷地区6县（市）贫困村基础设施建设和农业投入
第一批整村推进项目	50 000	甘孜州、阿坝州、凉山州	甘孜州9 500万、阿坝州5 600万、凉山州7 600万
连片扶贫开发基金	84 800	乌蒙山区、藏区	用于连片扶贫开发项目区基础设施建设、环境和公共服务设施建设以及主导产业发展
凉山州彝族群众刺绣技能培训资金	300	凉山州	用于增强彝族同胞刺绣技能，帮助其拓展致富新路

数据来源：四川省人民政府网站.

此外，据592个扶贫重点县中西部民族县上报数据来看，西部民族县投入的扶贫资金无论是规模还是增速历年都在不断增加，扶贫资金的种类包括了中央财政扶贫资金、中央扶贫贴息贷款、以工代赈、中央专项退耕还林还草工程补助、中央拨付的低保资金、省级财政扶贫资金、利用外资及其他资金等。随着地方经济实力的增强和社会扶贫意识的提高，地方政府和社会的资金正越来越多地投入扶贫活动中。西部各省级扶贫资金和社会扶贫资金增速明显高于中央扶贫资金增速，特别是东西协作、对口帮扶资金的增速更为明显，扶贫资金来源的多元化无疑将有助于扶贫资金投入结构的改善，有助于扶贫效益的整体提升。

从表3-23来看，西部民族地区扶贫资金主要投向了农业生产、民族地区农村基础设施改善、生活条件改善、教育及培训等项目，这些项目实施的目的均为改变西部民族地区传统“嵌入式”发展模式，增强内生发展动力，摒弃纯粹的“输血”增长模式，形成“造血”与“输血”并举的特色发展模式。

从相关样本县的统计数据来看，2012年扶贫资金投向农业生产项目的资金约为274.3亿元。其中：种植业为83.4亿元，比重为30.4%；林业为68.1亿元，比重为24.8%；养殖业、农产品加工业分别为63.5亿元、28.5亿元，占比分别为23.1%和10.4%。用于西部民族样本县基础建设的扶贫资金合计为160.6亿元，其中，用于道路修建及护理、基本农田建设、学校及教学设备的资金比重较大，比重分别为47.3%、21.4%和14.4%，这表明民族地区基础设施总体水平仍较为滞后，无形中孕育了贫困脆弱性衍生的“温床”。用于改善民族地区生活条件的扶贫资金约 174.9 亿元，投入最多的是危房改造及退耕还林还草工程及人畜饮水工程等项目，比重分别为 38.0%、33.3%和 17.3%；另外，近年来西部一些民族地区充分利用所拥有的资源大力发展沼气、太阳能等能源，这些项目比重也在逐年递增。教育、培训等“扶智”项目是西部民族地区扶贫必不可少的重要一环，这一项目 2012 年投入额度为 21.1 亿元，有力地推动了西部民族地区人力资本的建设。

表 3-23　西部民族地区扶贫县扶贫资金投向　单位：亿元

指标	2010 年	2012 年
一、生产项目		
1. 种植业	75.1	83.4
2. 林业	59.0	68.1
3. 养殖业	51.8	63.5
4. 农产品加工业	17.7	28.5
5. 其他生产行业	24.5	30.8
二、基础设施项目		
1. 基本农田建设	21.1	34.4
2. 道路修建及护理	63.9	75.9
3. 学校及教学设备	12.1	23.2
4. 卫生室及设备	4.0	7.1
5. 电力通信设施	13.0	20.0
三、改善生活条件项目		
1. 人畜饮水工程	21.9	30.2
2. 沼气、太阳能能源建设	9.5	15.3
3. 危房改造	54.3	66.4
4. 电视信号接收设备	1.9	4.7
5. 退耕还林还草项目补助	52.1	58.3
四、教育及培训项目		
1. 技术推广/培训	5.6	6.9
2. 扫盲/资助贫困儿童入学	10.0	14.2
五、发放低保资金	91.1	100.8
六、其他	12.5	16.3

数据来源：根据《2011 中国农村贫困监测报告》及相关统计数据整理.

3.4.2 金融治理现状

3.4.2.1 西部民族地区金融发展现状

当前，西部民族地区金融发展主要体现出三个较为典型的特征：总体发展落后，金融结构失衡；机构功能单一，金融工具缺乏；金融优惠政策效果有限，减贫效应欠佳。

从第一个现状特征来看，西部民族地区金融结构失衡直接表现为银行信贷占据主导融资方式，资本市场发展滞缓，直接融资渠道不畅通，更具体来说，资本市场发展滞缓直接体现为西部民族地区上市公司数量稀少且融资能力低下，经济效益较差且难以扭转；证券经营机构数量少，债券市场发展更为落后。

从金融总量看（表3-24），西部民族自治地方全部金融机构的贷款余额比重为18.76%，存款余额比重为18.71%，相比较，当年民族自治地方的地区生产总值占全国GDP的比重为22.18%，人口比重为29.51%。而民族地区金融机构的存贷款余额占比皆低于地区生产总值占比。这些数据生动表明，相对于经济发展水平，民族地区的金融发展水平更为滞后。

表3-24　　西部民族地区经济金融发展状况（2013年）

	人口（万人）	地区生产总值（亿元）	金融机构存款余额（亿元）	金融机构贷款余额（亿元）	股票市价总值（亿元）	境内上市公司（家）	全部保险机构保费收入（亿元）
内蒙古	2 497.61	16 832.38	15 205.69	12 944.17	—	24	274.69
广西	5 282	14 378	18 400.48	14 081.01	1 367.25	30	275.47
重庆	2 970	12 656.69	22 789.17	18 005.69	2 805.99	37	359.23
四川	8 107	26 260.8	47 667.3	29 542.7	—	103	914.7
贵州	3 502.22	8 006.79	13 265.01	10 104.3	2 387.06	21	—
云南	4 686.6	11 720.91	20 691.55	15 782.46	2 066.09	28	320.77
西藏	312.04	807.67	2 500.94	1 076.96	—	—	11.43
陕西	3 763.7	16 045.21	25 736.72	16 537.69	—	—	417.45
甘肃	2 582.18	6 268	12 070.64	8 430.08	1 568.52	25	180.15
青海	577.79	2 101.05	4 102.54	3 398.17	—	—	39.02
宁夏	654.19	2 565.06	3 881.4	3 947.29	356.99	12	72.7
新疆	2 264.3	8 510	14 088.83	9 840.45	2 650.78	39	273.49

表3-24(续)

	人口（万人）	地区生产总值（亿元）	金融机构存款余额（亿元）	金融机构贷款余额（亿元）	股票市价总值（亿元）	境内上市公司（家）	全部保险机构保费收入（亿元）
西部民族地区合计	37 199. 63	126 152. 56	200 400. 27	143 690. 97	—	—	—
全国	126 072	568 845	1 071 000	766 000	—	—	17 222
西部民族地区占比（%）	29. 51	22. 18	18. 71	18. 76	—	—	—

资料来源：各省区 2013 年国民经济和社会发展统计公报、《中国金融年鉴（2013）》.

注：部分省区缺少个别数据，故未统计相关项目总和.

很显然，西部民族地区的贷款率低于全国平均水平，这表明金融支持实体经济发展的效率不高，金融资源配置亟待优化。

从 2013 年西部民族地区金融机构存贷款、资本市场和保险市场的相关统计指标来看，西部民族地区金融发展水平与全国平均水平差距较大。例如，以保险市场为例，2010 年西部民族地区遭受自然灾害人口共计 10 731. 7 万人次，占到全国的 25. 19%，死亡人口高达 3 382 人，占全国 51. 70%，而同年该区域的保险市场发展水平却远低于全国平均水平，保险密度仅为全国水平的 50. 9%，保险深度也只有全国平均水平的 68. 24%，直接经济损失 1 114. 1 亿元，占全国的 20. 86%。这表明西部民族地区因灾致贫的脆弱性因子较为突出，严重影响了民族地区脱贫的稳定性，阻碍了扶贫综合效益的提升，加之西部民族地区保险市场的滞后，无形中加剧了民族地区贫困脆弱性的蔓延。

西部民族地区金融发展呈现出的第二个典型特征是机构功能单一，金融工具缺乏。我国西部大开发战略已实施十余年，西部民族地区金融体系正不断完善，已初步形成了政策性银行、外资银行、商业银行、保险公司、证券业机构、期货公司、信托机构等多元金融发展格局，国有五大商业银行业务比重有所下降，但其主导地位依然稳固，招商、中信、民生等全国性股份制银行虽已进军西部民族地区，但也只是在中心城市或个别地市设立零星的分支机构。同时，西部民族地区外资金融机构数量远少于东部发达地区。截至 2012 年年底，外资银行在西部民族地区拥有的分支机构数量不及全国的 10%。简而言之，西部民族地区金融行业缺乏结构化效率，没有形成完善、科学的金融结构体系。与此同时，西部民族地区的金融机构数量偏少且结构雷同，直接制约了金融工具、金融产品的创新发展。如除基础性股票、债券、银行存款、贷款等金融工具外，富有民族特色、因地制宜的民族地区投资基金、债券等金融工具极度缺乏。

西部民族地区金融发展呈现出的第三个典型特征是金融优惠政策效果有限，减贫效应欠佳。西部民族地区社会经济的发展，离不开金融的支持，尤其是在人力资本培育、基础设施建设、产业扶贫等领域，金融的支持作用尤为关键。为此，基于金融在国民经济及地区发展中的特殊地位，自对外开放以来，中央政府先后出台了一系列有助于西部民族地区经济社会发展的金融优惠政策，并沿用至今。如对民族贸易和民族用品生产企业给予的低息贷款政策、西部基础设施建设贷款期限延长的政策、基础设施项目收益权质押信贷范围扩大政策、民族地区助学贷款政策、优势产业贷款及农村电网改造农业银行总行直贷政策等。同时，西部典型民族地区的一些金融政策做法值得关注和借鉴，以西藏的实践为例，从2006年开始，中国人民银行先后对西藏地区实施了包括货币信贷管理、利差补贴、对中小企业贷款利率优惠、特殊加罚息政策等在内的一篮子特殊金融优惠政策，这些政策无一例外均以低利率为核心，其目的旨在提高对小微企业、农牧民金融服务的可及性，扩大金融服务的覆盖面。

有了倾斜性金融优惠政策的支持，西部民族地区存、贷款增长均有了大幅度的提高，民族地区一批特色优势产业、能源产业、扶贫产业就有了汲取“金融血液养料”的土壤，有力地促进了民族地区实体经济的发展，改善了民族地区群众生产、生活面貌。然而，这些金融优惠政策在实施过程中也出现了一些偏差，甚至有的与预期相差甚远。譬如，金融机构贷款程序繁琐、贷款权限不足、信贷宣传力度不够等问题在西部民族地区均不同程度存在；财政贴息类优惠政策有“输血”之名，但无“造血”之实，不利于贫困脆弱性的根本抑制；民族地区中小企业经营不善、内控机制不健全等缺陷与银行追求风险控制前提下的利润最大化目标矛盾“尖锐”。因此，针对这些问题本身而言，西部民族地区金融优惠政策的内容和体系均有待进一步完善。

3.4.2.2 正规金融与非正规金融治理现状

西部民族地区贫困脆弱性金融治理的“金融”既包括了正规金融，如国有商业银行、政策性银行、邮储银行、地方商业银行及各级农村信用社，又包括了小额贷款公司、村镇银行、社区银行、资金互助社、担保机构等各种存在形式的非正规金融。

首先从正规金融对西部民族地区贫困脆弱性治理来看，近年来，随着国有商业银行的股份制改革及一系列信贷政策调整，西部少数民族地区获得经济发展所需资金的难度日益加大，“惧贷”“惜贷”现象较为普遍。据银监会统计，

2011 年我国西部民族八省区各类金融机构存款余额为 64 342.16 亿元，占全国存款余额的 8.69%，而各项贷款余额为 49 911.04 亿元，占比稍高于存款比重，达到了 9.77%，尽管西部民族地区与全国大部分地区一样，存款均大于贷款，且存贷差为 14 431.12 亿元，但仔细比较存、贷款的全国占比，不难发现，西部民族地区信贷资金外溢的现象有所缓解①，具体如表 3-25 所示。

表 3-25　　2011 年西部民族地区各金融机构存贷款情况

金融机构类型	各项贷款余额（亿元）	贷款占比	各项存款余额（亿元）	存款占比	存贷差（亿元）	存贷比
中、农、工、建、交五大国有商业银行	24 324.54	48.74%	37 393.59	58.12%	13 069.05	65.05%
政策性银行	10 191.49	20.42%	1 437.06	2.23%	-8 754.43	709.19%
股份制商业银行	4 498.28	9.01%	5 101.8	7.93%	603.52	88.17%
邮储银行	320.63	0.64%	2 952.55	4.59%	2 631.92	10.86%
城市商业银行及城市信用社	2 802.17	5.61%	5 510.69	8.56%	2 708.52	50.85%
各级农村信用社	6 017.25	12.06%	9 426.91	14.65%	3 409.66	63.83%
农村合作银行	985.99	1.98%	1 490.65	2.32%	504.66	66.14%
农村商业银行	608.74	1.22%	813.42	1.26%	204.68	74.84%
新型农村金融机构	161.97	0.32%	215.49	0.33%	53.52	75.16%
合计	49 911.06		64 342.16		14 431.10	

数据来源：根据银监会网站 2011 年《中国银行业农村金融服务分布图集》整理而成，其中，存贷比即各项贷款余额与存款余额的比值，而存贷差指各项存款余额与贷款余额之差.

注：此处西部民族地区用民族八省区的合计近似反映.

表 3-25 反映了西部民族地区 2011 年各金融机构的存贷款情况，从中可推断出三个结论。第一，在民族地区信贷市场上，五大国有商业银行的主导地位不可撼动。2011 年五大国有商业银行贷款余额总和为 24 324.54 亿元，占西部民族地区全部贷款余额的 48.74%，接近一半；在存款方面，五大国有商业银行存款余额总和为 37 393.59 亿元，占比超过了 50%，占西部民族地区存款余额总和的 58.12%。第二，政策性金融在民族地区"输血"方面扮演着极为重要的角色。2011 年三大政策性银行在西部民族地区贷款余额达到了 10 191.49

① 陶磊. 中国少数民族地区金融排斥研究 [D]. 成都：西南财经大学，2013：41.

亿元，占全部金融机构贷款余额总和的 20.42%，由此可见，政策性金融在贯彻国家西部大开发、各类扶贫战略方面，发挥了重要的资金供给作用，其在减贫过程中的“输血”作用值得重视。第三，城市商业银行、城市信用社、邮储银行是资金外流的主要“贡献”群体。由于体制及历史原因，西部民族地区邮储银行只存不贷，或者贷款额度有限，使得其存款余额与贷款余额严重失衡，存贷比仅为 10.86%，其“抽水机”形象在民族地区显得格外鲜明。同时，城市商业银行及信用社的存贷比也只有 50.85%，比平均水平低了 20 多个百分点①。

从西部民族个别地区扶贫实践来看，农村信用社在民族地区金融减贫及缓解、抑制贫困脆弱性方面的作用较为突出。以笔者所调研的宁夏盐池县农村信用合作联社反贫困实践为例，盐池农村信用合作联社作为盐池县主要的金融机构之一，在促进盐池主导产业发展、民生改善、民族地区金融反贫困、抑制贫困农户脆弱性等方面做出了不可磨灭的贡献。信用合作联社在盐池全县设立了 14 个网点，资产规模共计 23 亿元，其中贷款 15 亿元，存款 17.5 亿元，存款占全县的 40%，贷款占全县的 60%，90%的贷款业务涉及“三农”，主要以荞麦、玉米、甘草等种植业，滩羊养殖产业链为主要贷款项目和贷款对象。

为响应宁夏全民创业、金融反贫和生态移民的号召，同时也为了发展壮大盐池主导产业及扶持民族地区群众脱贫致富，作为支农主力军的盐池农村信用合作联社因地制宜、因时制宜地开发出了极具民族特色的“六通一卡”信贷产品。“六通一卡”分别指的是“小微通”“滩羊通”“商户通”“园丁通”“工薪通”“创业通”及“富农卡”。“六通一卡”信贷产品的开发有效解决了当地县域金融提供的产品、服务长期单一的弊病，凸显了新时期民族地区资金需求“小、频、急”特点，着重细分了不同类别、不同层次的融资需求。例如，“六通”中的“小微通”专门针对盐池贷款难的中小企业群体，两周内确定所贷对象是否符合信用联社的贷款资质且不设贷款金融上限，这极大地提高了贷款效率及风险预警水平。“滩羊通”依赖于盐池“中国滩羊之乡”的美誉，设置的贷款利率适中偏低，上浮基准利率 60%~80%，截至 2012 年年底，“滩羊通”撬动了约 4.2 亿元规模的滩羊养殖、毛皮加工、羊肉深加工等产业化项目，有力地促进了盐池滩羊品牌的革新，并带动了数以万计的群众尤其是回族民众致富奔小康，以产业为载体，有力地解决了贫困农户返贫、慢性贫困的脆弱性难题，保障了扶贫效益的长效性。当前，该信贷产品基本覆盖盐池县

① 陶磊. 中国少数民族地区金融排斥研究［D］. 成都：西南财经大学，2013：42.

经济活动的方方面面，有力地促进了盐池县域经济的发展壮大。截至2012年年底，盐池县联社发放“六通一卡”信贷产品共计4 934笔，金额高达2.8亿元，占当年盐池联社全部贷款总额的20%。其中，主打的“小微通”和“滩羊通”信贷产品直接为盐池的养殖户带来户均利润25万元和1.6万元。同时，盐池农信社还积极承担企业的社会责任，十分注重社会声誉的建立及培育，截至2012年8月，该社已投放生态移民贷款项目约2 305万元，全民创业贷款项目2 644万元，直接扶贫资金2 811万元，充分履行了支农主力军的社会职责并大气地抒写了金融反贫困、建设宁夏“黄河金岸”的豪迈企业情怀。

非正规金融、小微金融内生于民族地区经济社会，具有灵活、快捷以及手续简便等优点，其对促进民族地区中小企业和经济社会发展以及脱贫致富的作用及地位十分突出。以西藏为例，为实现藏区全民增收，西藏金融机构近年来推出了一系列减贫效应显著的小额信贷产品，目前各类小额信贷品种已覆盖全藏95%以上的农牧民家庭，惠及全区近300万农牧民，远高于全国36%的平均水平，这一举措使得西藏成为全国农户贷款覆盖面最广的地区。众所周知，西藏全区80%以上的人口分布在广袤的农牧区，长期以来，由于地理区位及经济基础所限，农牧民生活状况极为艰辛，贫困群体比比皆是，脆弱性特质凸显无遗。农业银行西藏分行等一些藏区金融机构在反复调研及探索的基础上发现，小额贷款是解决农牧民脆弱性特征突出、增收困难的“金钥匙”。为此，农行、专业小额贷款公司等金融机构于2005年起先后推出了以“金、银、铜”为信誉资质的“农牧户贷款证”小额信贷产品和“钻石卡”“四卡”等诸多种类的小额贷款产品，这些小额信贷品种大多无需担保抵押，操作便捷，授信区间为2万~30万元，富有弹性空间，深受西藏农牧民喜爱。据统计，截至2014年3月底，西藏全区已有99.13%的农牧民获得了“农牧户贷款证”，该证使用率接近100%，贷款农户多达43.09万户，全部农户贷款达117.32亿元。西藏全区全覆盖的小额贷款有效缓解了农牧民贷款难题，农牧民用所获得的小额信贷盖起了新房，办起了小企业、小店、农畜产品加工厂等。这些措施与利用财政扶贫资金对高原基础设施进行改善等配套措施结合，弥补了单纯依靠政府救济资金的先天缺陷，增强了藏区农牧民自我发展能力和“造血”能力，有效地抑制了本身的脆弱性特质，为农牧民稳定脱贫、持续增收和致富起到了催化剂作用。

非正规金融在西部民族地区进行贫困脆弱性治理的另一个代表性例子是宁夏的贫困村互助资金。作为全国第一批贫困村互助资金试点省区，宁夏回族自治区在政府统一领导下，各级财政、金融、扶贫部门通力合作、紧密配合，推动互助资金试点工作取得了一个又一个可喜的成绩。多年来，资金互助管理部门审时度势，与时俱进，把局部性、个体化的互助资金扩展到影响力大、覆盖面广的“千村信贷”，从传统的风险管控模式升级到富有时代气息的小额投保模式，循序渐进地实现了“借、贷、贴、保”的“四步走”，逐步形成了卓有成效的金融减贫立体构架。以银川郊区的闽宁镇为代表，该镇在推进贫困村资金互助工作的过程中，通过培育新型农村各类种、养殖业专业合作社和新型农民的方式，较好地将贫困治理与贫困农户自我积累、自我发展能力增加有机地结合起来，而且增强了脆弱群体应对风险冲击的平滑和抗拒能力。从具体实践来看，该镇因地制宜、因时制宜，将黄牛养殖、葡萄种植确定为全镇的主导产业，通过互助资金和“千村信贷”项目扶持的方式，解决了有强烈创业意愿但“无米下炊”农户的困境，解除了其无创业启动资金的后顾之忧。目前，闽宁全镇已集中连片发展优质酿酒葡萄 19 平方千米，依靠现代化的农业种植管理技术，全镇农民人均纯收入 2013 年达到了 6 075 元，相较于 2007 年的 1 820元，已有了大幅提高。闽宁镇可作为当前宁夏全区脱贫致富、实现贫困脆弱性治理的一个缩影。目前，从宁夏全区来看，互助资金扶贫项目主要集中在肉牛、滩羊养殖，硒砂瓜、枸杞、葡萄、马铃薯、花卉苗木等特色优势产业方面，贫困地区有了互助资金的“输血”，将产业扶贫与个体、组织参与市场竞争能力的培养巧妙地结合起来，撬动了一大批现代化农业产业的“生根发芽”，有力地促进了宁夏贫困地区特色优势产业发展和社区农民稳定脱贫，最大限度地克制了农户“单打独斗”的天然劣势。截至 2012 年年底，宁夏全区 70%以上的贫困村均有了各具特色的互助资金项目，拥有互助资金项目的村庄总数达到了 1 098 个，涉及的互助资金共计 4. 72 亿元，使得全区超过 60 万人受益。2013 年年底，全区互助资金项目发展得更为红火，项目村已达 1 120 个，互助资金总量已突破 5 亿元，达到了 5. 18 亿元。如今，宁夏互助资金、“千村信贷”项目已成为宁夏扶贫事业的一块金字招牌，已成为贫困地区致富奔小康、贫困群体稳定脱贫，树立自力更生、自我发展信念的减贫“宝典”，已成为宁夏南部山区等特困民族地区治理贫困脆弱性，培育贫困者自我发展能力的黄金措施，并上升为宁夏党委、政府高度重视的一个大项目、好政策。

3. 5　本章小结

本章首先分析了西部民族地区贫困脆弱性特征。总体来看，西部民族地区多位于自然条件欠佳、生存环境恶劣、基础设施薄弱、经济社会发展水平较为滞后的地区。由此呈现出的脆弱性特征为贫困程度深，政治敏感度高，文化、宗教等非经济因素影响显著，人口较少民族深度贫困问题复杂严峻等。根据脆弱性系统原理，造成西部民族地区贫困脆弱性的原因，可以分别从经济系统、社会系统、生态系统三个维度去阐释。从经济系统看，经济结构单一、经济基础薄弱，国家扶贫政策偏差及贫困群体本身经济意识与风险意识匮乏是贫困脆弱性经济系统的主要表现形式和原因所在；从社会系统看，人力资源薄弱，因教、因病致贫、返贫等因素，加剧了贫困的脆弱性；从生态系统看，自然条件恶劣、自然灾害频发不仅直接制约了农业生产和农牧民增收，还打击了贫困地区民众的脱贫自信心。

按照贫困脆弱性的分析框架，脆弱性需要生计资本进行防御或平滑。一般而言，西部民族地区群众的生计资本分可分为自然资本、物质资本、人力资本、金融资本与社会、民族文化资本五大类。总体来看，民族地区内部自然资本、物质资本差异较大，但住房与家庭耐用消费品等物质资本条件正在不断改善。从人力资本来看，西部民族地区群众受教育程度普遍偏低，缺乏生存所依赖的劳动技能，同时，地方病的流行使得“因病致病”“因病返贫”现象极为突出。从金融资本来看，长期以来，西部民族地区经济发展落后，财政状况欠佳，捉襟见肘时为常态，地方财政难以对民族地区农村进行大规模资金投入，民族地区农村正规金融发展举足不前，“失血”现象较为普遍，贫困人群资金来源渠道更为狭窄，金融资本状况不良。与此同时，西部民族地区社会资本较为薄弱，而民族文化资本较为丰厚，开发潜力巨大。

在考察了西部民族地区民众的生计资本后，有必要对该区域的脆弱性程度进行测度，在相关理论及前人研究成果的基础上，本章尝试了对西部民族地区贫困脆弱性进行测度并进行了相应的分类。总体来看，西部民族地区内部差异程度较为显著，测度数值分布呈现“两头大、中间小”的脆弱性格局，在所选的49个民族自治州、自治县及地级市样本中，有20个为低脆弱性，而高脆弱性个数高达18个，二者占了所选样本总数的77.6%。这也表明西部民族地区脆弱性内部差异呈现出了两极分化的态势，“马太效应”明显。此外，在高脆弱度行列中，呈现出明显的地域性特征，省域内地区脆弱性程度较为接近，符合各成员单位经济社会发展整体水平。

从西部民族地区贫困脆弱性金融治理现状来看，财政发挥出了不可替代的作用。在扶贫实践中，各地扶贫资金总量呈逐年递增态势，财政专项扶贫资金在民族地区扶贫进程中的“供血”“输血”主导作用十分突出，同时更关注贫困脆弱性产生的根源及机理，更强调以增强自我发展能力、内生发展的手段抑制脆弱性，从根本上防止贫困的反复循环。

从商业性正规金融治理现状来看，近年来，随着国有商业银行的股份制改革及一系列信贷政策调整，西部少数民族地区获得经济发展所需资金的难度日益加大，“惧贷”“惜贷”现象较为普遍。从西部民族个别地区扶贫实践来看，农村信用社在民族地区金融减贫及缓解、抑制贫困脆弱性方面的作用较为突出。非正规金融、小微金融作为内生于民族地区经济社会的特殊金融，具有灵活、快捷以及手续简便等优点，其对促进民族地区中小企业乃至经济社会发展以及脱贫致富的重要性不言而喻，已成为西部民族落后地区增强脆弱性群体自我发展能力、实现自我“造血”、抑制脆弱性特质的重要金融形式。

4　西部民族地区贫困脆弱性金融治理的实证研究

基于锻造、增强自我发展能力与“造血”功能维度的贫困脆弱性的金融治理宜早不宜迟，但金融治理既不能简单、盲目地增加金融资源供给，又不能照搬照套发达地区的治理经验，而是应该立足于当前西部民族地区贫困脆弱性的金融治理绩效与现状，对症下药。本章在模型设计的理论基础上进行了相关的实证研究，并就实证结果展开了较为宽泛的讨论，以期能为西部民族地区金融减贫与贫困脆弱性治理提供新的视角。

4.1　模型初步设计及规范性分析

在内生经济增长的前提下，金融发展、金融治理通过经济增长、收入分配机制调节等一系列作用机制或传导机制有效地促进地区经济社会发展、民生改善及民众增收①，本节的计量分析模型就建立在此基础上。然而，在构建计量经济模型时，需充分考虑金融发展、金融结构对西部民族地区减贫效应的影响，金融发展的定量分析方法最早由戈德·史密斯在《金融结构与金融发展》一书中提出。戈氏认为，一国或地区的金融总体一般由银行、保险、证券、信托等参与主体通过参与金融市场的竞争所形成的金融资产叠加和构成。金融各部门、各行业及各产品类型相互作用，彼此影响，形成了一国或地区金融整体发展布局，金融机构即是在此原理下各个组成单元的相对规模及相互作用下的特定形态。由于金融是经济的核心，一个社会的商品化程度、货币化程度、社会信用状况、经济活动主体的偏好、文化习俗等都能对一个国家或地区的金融结构产生极为重要的影响。

因此，在研究西部民族地区金融减贫问题时，需考虑形成金融结构差异的基

① 第2章已对贫困脆弱性的金融治理传导机制进行详细的论述.

础性条件，如宗教因素、经济发展水平等。鉴于西部民族地区股票、证券、保险等现代金融特点的交易比例很小，金融体系结构性特征不突出①，所以本书在研究时暂省略了资本市场对贫困脆弱性缓解及治理的影响作用，但考虑到保险对贫困脆弱性群体的平滑作用及其重要性，特选取了人均保费收入指标衡量西部民族地区保险业发展状况。同时，民族地区金融结构相对较为单一，主要集中在银行信贷上面，在既有的相关研究中，学者们大多选取人均贷款额作为欠发达地区金融发展的替代变量。因此，本研究对该指标予以了考量。此外，考虑到西部民族地区的特殊性及研究目的，本节的模型将采用面板数据（Panel Data）进行实证研究，根据已有研究成果，初步构建计量模型为：

$$income_{it} = \alpha_{it} + finance_{it}^{'}\beta^{1}{}_{it} + cs_{it}^{'}\beta^{2}{}_{it} + \mu_{it}$$

其中，$i = 1, 2, \cdots N$，$t = 1, 2, \cdots T$，$finance_{it}^{'}$ 是金融治理的多个指标构成的解释变量向量组，$cs_{it}^{'}$ 是社会变量控制组向量。该模型注重了各变量的动态变化，且时间跨度较长，有助于把握本书脆弱性治理的研究主题。从各字母的含义来看，N 表示截面成员个数，T 表示每时刻的观测时期，参数 α_{it} 为常数项，β_{it} 为解释变量分别对应的 $k \times 1$ 维系数向量，k 表示向量中解释变量的个数，μ_{it} 为随机误差项，符合均值为 0，方差为 σ_{it}^{2} 的古典假设，即服从正态分布（0，σ_{it}^{2}），i 为西部民族地区自治州或多民族地级市，t 为年份。

4.2 面板数据建模预处理

4.2.1 变量选取及构成

4.2.1.1 被解释变量：$income_{it}$

人均纯收入是指劳动者在一定时期内（通常为一年）劳动所得的全部收入报酬扣除这些所得报酬需付出的货币化成本的净值，它反映了一个国家或地区居民收入的平均值。同时，贫困的衡量标准一般用人均收入予以直观体现，不仅如此，从经济发展与收入的关系来看，人均收入还能直观反映区域内个体能享受多大程度的经济发展红利。本章所研究的西部民族地区贫困脆弱性问题，其测量也是根据人均纯收入进行相关的变换而得出的②，所以本章采用人

① 王修华，邱兆祥. 农村金融发展对城乡收入差距的影响机理与实证研究［J］. 经济学动态，2011（2）：71-75.

② 本书第三章贫困脆弱性测度相关部分已对此进行了较为详尽的论述.

均纯收入作为模型的被解释变量，同时也是间接反映贫困脆弱性的近似替代指标。需要指出的是，贫困脆弱性是一个动态的概念，贫困动态学理论一般将脆弱性定义为5年或5年以上，本章所研究的面板数据年限为2000—2013年，时间跨度为14年，符合了脆弱性的时间特征。另外，熊娜、陈池波（2013）等人用人均纯收入作为贫困相关模型研究的被解释变量时，所采用的人均纯收入一般都是微观调研所获得的个体农民人均纯收入，而本章所研究的人均纯收入为西部民族地区49个自治州、自治县及地级市的城乡居民相应年份人均纯收入作为近似替代，该指标扩大了贫困线的范围。因为按国家2000—2013年不同时期贫困线的标准，有的地区有的年份人均收入是高于贫困线的，而有的年份又低于贫困线，本研究的数据为面板数据，因此实际上是扩大了贫困脆弱性的外延。另外，考虑到各地物价指数的影响，本研究借鉴了万广华、章元（2009）等学者的做法，利用了CHNS所提供的区域物价水平数据和信息调整了对应年份的人均收入水平，以便准确地反映各地区经济社会发展差异。

4.2.1.2　解释变量 $finance_{it}'$：贫困脆弱性金融治理指标

我国的扶贫事业是以政府为主导而推进的，而财政投入是政府实现地区发展和民众脱贫的最主要的手段。财政扶贫资金作为财政减贫投入的专项资金，其对改善贫困地区基础设施建设、提高贫困群体生活质量、优化生存环境，从而促进贫困地区经济和社会事业进步的支持作用十分突出。秦建军、戎爱萍（2012）就认为财政支出具有结构化特征，财政支出较为偏向贫困地区的科技文卫事业、基础设施建设，而这恰好与贫困脆弱性治理的“上游干预”原则相匹配，因此财政对于缓解及治理贫困地区的脆弱性问题具有举足轻重的作用。从我国财政扶贫资金构成来看，主要有少数民族专项发展资金，以工代赈资金，国有贫困农场、林场扶贫资金及扶贫贴息贷款等。基于财政支出对西部民族地区贫困及脆弱性治理的重要性，本研究选定以财政一般预算支出作为民族地区贫困脆弱性金融治理的财政支出变量。财政一般预算支出包括了对城乡地区基本建设支出、文教事业支出、科技支出、医疗卫生事业支出等29个类别，这些项目或领域的支出对贫困地区脆弱性的缓解及治理意义十分明显。另外，考虑到资本市场在西部民族地区发展处于起步阶段，其对贫困地区的减贫效应及金融结构化效率还不够明显，所以本章对此暂不予以讨论。在银行信贷方面，考虑到西部民族地区金融结构相对单一，主要集中在银行信贷上面，本研究选取人均贷款额作为欠发达地区金融发展的替代变量。在保险行业指标选取方面，学界惯用的做法是以保险密度和保险深度作为保险业发展的衡量指标。具体来说，保险密度由保费收入与常住人口的比值得出，它主要反映一定地域范围内城乡居民参与保险的状况。而保险深度则由保费收入与地区生产总值比值进行衡量，反映了保险业发展“质”的特征。解垩（2008）利用 CHNS 数据，实证评估了保险业发展对经济增长的贡献。在参考解垩等人的研究成果的基础上，本章仅采用保险密度作为保险业发展的衡量指标（表 4-1）。

表 4-1　　　　模型相关变量描述

变量类型	变量名称	英文表示	变量说明
被解释变量	人均收入	income	以 2000 年不变价为基期计算的人均纯收入
贫困脆弱性金融治理解释变量	财政一般预算支出	profund	各地每年财政一般预算支出
	人均贷款额	pfina	金融机构年末各项贷款余额/年末人口数
	保险密度	insurance	保费收入/年末总人口
贫困脆弱性治理的社会控制解释变量	人力资本	edu	大、中、小学在校人数/总人口
	卫生事业	medical	每万人拥有的病床数
	自然灾害	disaster	每年自然灾害带来的经济损失
	宗教信仰	religion	1 代表信仰伊斯兰教，0 代表信仰其他宗教

4.2.1.3　解释变量 cs_{it}'：贫困脆弱性治理的社会控制变量

笔者认为，除探讨贫困脆弱性的金融治理变量外，还需考虑其他社会因素对贫困脆弱性的影响。其中，教育支出的增加往往有益于欠发达地区人力资本的培育。李朝林（2005）认为贫困问题绝不仅仅是经济层面的问题，而是一个综合性问题。从长期看，贫困及其脆弱性问题的彻底终结，最根本的举措是大力培育所在区域的人力资本，形成强大的人力资本效应。人力资本发展作为西部民族地区的一个贫困治理途径已成为学界共识（赵曦，2009），鉴于此，本研究以民族地区大、中、小学在校人数与总人口的比重作为衡量西部民族地区人力资本的变量。另外，西部民族地区地方病较为普遍，因病致贫现象也较为突出，医疗卫生事业的发展对于抑制贫困的脆弱性作用十分显著，因此本研究以每万人拥有的病床数作为西部民族地区医疗卫生事业发展的指标。考虑到我国西部民族地区的广大区域地理位置偏远，自然灾害频发，因灾致贫现象突出，因此，本研究选择了自然灾害作为民族贫困脆弱性治理的社会控制变量，其具体衡量指标为自然灾害所导致的直接经济损失，该指标数据来源于相应年份统计年鉴、国民经济统计公报，缺失年份由相关气象灾害资料予以估算。此外，西部民族地区作为我国多民族地区，宗教因素对于贫困脆弱性治理绩效是否具有影响，也值得讨论，这也是本研究尝试创新的地方。譬如，伊斯兰金融的核心理念是禁息，主张金融机构与资金需求方“利益共享、风险共担”，二者是一种合伙关系，因此，穆斯林教徒往往会对商业银行提供的信贷产品具有天然的抵触情绪（王修华，2012）。同时，伊斯兰教认为任何脱离了实体经济取得的收入报酬均无意义，不值得提倡，货币本身无任何价值，只有与实体经济相结合，揭开其“神秘的面纱”，金融活动才变得有意义。直接从日常借贷活动中赚取利差是伊斯兰金融所杜绝的行为，因为这样的行为直接与《古兰经》所倡导的“公平、公正、互助”原则相悖，难以被伊斯兰世界所接受。单就贷款行为来看，伊斯兰金融与世俗金融差异十分显著，伊斯兰文化认为世俗金融明显有利于贷方，世俗金融体系下的借贷双方权责不对等，因为无论资金的借入方经营状况、资金增值情况如何，都必须按照事先与贷方商定的利息、期限定时履约，以伊斯兰教教义视角来看，资金的所有者无须承担企业经营风险就能“不劳而获”，无异于“天上掉馅饼”，这是不科学的（黄文胜，2011）。因此，与信仰其他宗教的地区相比，信奉伊斯兰教的地区如宁夏回族地区、新疆维吾尔族聚居区金融排斥的概率可能相对更大，也可能意味着这些地区金融资本相对薄弱，脆弱性金融治理绩效不够理想。当然，这只是一种理论推断，具体结果还需严格的实证分析加以验证。基于此，本研究将宗教信仰（religion）设置为虚拟变量，回族、维吾尔族、哈萨克族等 10 个少数民族均信仰伊斯兰教[①]，具有一定的地域基础和群众基础，因此将这些民族自治的地区赋值为 1，其他地区赋值为 0。

4.2.2 数据来源与描述性统计

本节的样本包括了除陕西以外的所有西部民族自治地区的数据，即包括五大自治区、云南、贵州、青海、甘肃、四川和重庆等省份所在的民族自治州及多民族地级市的相关统计数据[②]。这些数据主要来自中国民族年鉴、各自治州相应年份的国民经济和社会发展统计公报、各自治州（市、地区）统计年鉴，20 个省、自治区和直辖市的民族自治地方数据，时间跨度为 1999—2013 年，

---

① 引自 http：//www. seac. gov. cn/gjmw/ssmzx/2004-07-12/1176019929382016. htm.

② 重庆市的样本为酉阳土家族苗族自治县和石柱土家族自治县，相应的数据进行细化处理，与其余自治州或地区标准一致。

即从西部大开发以来所统计的相关数据。其中，1999 年作为不变价格的基年，利用全国相应年份的 CPI（居民消费价格指数）对相关数据进行了平滑，考虑到脆弱性测度方式，面板数据的时间跨度最终为 2000—2013 年。部分年份一些自治州或多民族地区（市）保费收入指标缺失，本节通过相关年份中国保险年鉴统计数据与地区生产总值比重测算后近似替换，以此构成完整面板。

如表 4-2 所示，本节对模型各变量的观测值做了描述性统计。其中，被解释变量异端最小值为 6.375，对应的人均纯收入为云南文山壮族苗族自治州 2000 年的农村居民人均收入，该年份文山州人均收入仅为 587 元，远低于当年全国农村居民人均纯收入 2 253 元。根据第二章介绍的脆弱性测度原理，以上结果表明该地区脆弱性程度极高，慢性贫困与返贫概率极大。被解释变量最大值为 9.449，对应的人均纯收入为新疆巴音郭楞蒙古自治州 2013 年的居民人均纯收入情况，该年份当地居民人均可支配收入达到了 13 343 元，远远超过了全国农村居民人均纯收入水平，表明这一地区城乡居民收入增幅较大，脆弱性程度较浅。值得一提的是，由于对数变换不改变数据的性质与相关关系，同时还可能对后续模型分析中存在的异方差问题有消除作用。

表 4-2　　　　相关变量的描述性统计

变量	观测数	平均值	标准差	最小值	最大值
pofund*	686	3.481	1.221	-1.213	6.297
insurance*	686	4.976	1.112	2.184	7.403
pfina*	686	8.619	0.993	4.875	11.369
income*	686	7.94	0.609 6	6.375	9.449
medical*	686	3.297	0.404	2.008	4.152
edu	686	0.173	0.038	0.078	0.31
disaster	686	2.501	3.284	0.016	38.95
religion	686	0.266	0.442	0	1

注：* 代表对原始数据进行了对数处理.

4.2.3　面板数据的平稳性检验及协整检验

一般来说，面板数据犹如“棋盘”，蕴含了截面、时间、变量 3 个方面的信息，在横向和纵向上更具信息优势，利用面板数据建模，较之于横截面数据和时间序列精确性更高。但同时，由于面板数据作为一种特殊的“时间序列”，同样受制于时间序列建模的前提条件，因此与时间序列一样，在建模之前均需要对各变量进行平稳性检验。从检验办法来看，单位根检验是最常见的方法。就面板数据与时间序列而言，二者单位根检验的检验原理虽然类似，但又存在着显著的差别。从应用情况来看，在一定适用性条件下，面板数据单位根检验方法多达 11 种（张晓彤，2007），但存在着各自的优势与不足，具体选择哪种方法需视情况而定。

与时间序列一致，面板数据单位根检验方法的选择通常归纳为同根与不同根两类情况。同根情况包含的前提条件是面板数据所有的截面序列具有相同的单位根过程，这类方法主要以 LLC（Levin，Lin & Chut）、Breitung、Hadri 检验为代表。不同根单位根检验主要有 IPS（Im，Pesaran & Shin）、Fisher-ADF、Fisher-PP 检验等方法。结合本研究的数据特点，本节所选用的检验方法为常用的 LLC 检验和 IPS 检验。根据 Eviews7.0 单位根检验的输出结果如表 4-3 所示。

表 4-3 单位根检验结果

变量	LLC Coefficient （系数）	IPS W （T 值构造统计量）	是否平稳
insurance	5.762 39	7.161 14	非平稳
△ insurance	-7.894 45***	-4.166 08***	平稳
pofund	4.833	2.576	非平稳
△ pofund	-3.662***	-7.939***	平稳
pfina	11.234	16.312	非平稳
△ pfina	-3.183**	-1.625*	平稳
income	10.948	10.454	非平稳
△ income	-2.245**	-2.632***	平稳
medical	5.358	5.27	非平稳
△ medical	-11.92***	-10.63***	平稳
edu	-4.097 5***	-2.784 36***	平稳
disaster	-1.489*	-1.493*	平稳

注：*、**、*** 分别代表在 10%、5%、1%水平上显著，△ 代表差分.

由表 4-3 可知，除 edu、disaster 变量水平平稳外，其余各变量一阶差分后均呈现出了平稳。在此基础上，需要对面板数据进行协整分析，以此来判断各变量间是否存在长期的均衡关系。

协整检验运用 Johansen 检验 7 个变量间的协整关系，检验结果如表 4-4 所示。从表 4-4 可以看出，第一列的“一个没有”暗含的原假设是“不存在协整关系”，在此假定条件下，对应的迹统计量是 31.856 37，大于 5%显著性水平下的临界值 29.797 07，同时对应的 P 值为 0.028 6，表明变量之间不存在协整的概率极小，从而拒绝原假设，表明至少存在一种协整关系。依此类推，同样需要拒绝“最多两个”的原假设而接受“最多一个”的原假设。综合而言，根据检验结果，人均收入、人均贷款额、财政一般预算支出、保险密度、人力资本、自然灾害、医疗卫生事业在 5%显著性水平下存在协整关系。

表 4-4　　Johansen 协整检验结果

零假设	特征值	迹统计量	5%显著性水平下临界值	P 值
一个没有	0.852 2	31.856 37	29.797 07	0.028 6
最多一个	0.577 5	12.740 09	15.494 71	0.124 7
最多两个	0.338	4.124 754	3.841 466	0.042 3

4.3　西部民族地区贫困脆弱性金融治理的实证分析

4.3.1　模型形式的设定

4.3.1.1　变截距与变系数的检验

在对面板数据模型进行估计时，首先值得思考的一个问题是被解释变量的所有参数是否符合文章设定的截面。通常情况下，我们可以将面板数据模型简化为如下形式：$y_i = \alpha_i + x_i\beta_i + \mu_i$，其中，$i = 1, 2, \cdots, N$，$y_i$ 是 $T \times 1$ 维被解释变量，x_i 是 $T \times k$ 维解释变量矩阵，N 为截面方程个数，T 为时间跨度，y_i 和 x_i 的各分量是所有截面成员经济指标的时间序列。从本书来看，各截面分别代表了西部各民族自治州和多民族地级市，y_i 和 x_i 分别代表 i 地区的人均收入、人均贷款额等指标的时间序列。截距项 α_i 和 $k \times 1$ 维系数向量 β_i，受个体影响程度不同，其取值也存在差异。μ_i 是 $T \times 1$ 随机误差项向量，符合古典假设均值为零、方差为 $\sigma_u{}^2$ 的研究前提条件。

根据参数向量 β 和截距项向量 α 的不同设定要求及满足条件，为简化分析，可将面板数据模型设定为 3 种不同类型：变截距模型、无个体影响的固定系数模型和有个体影响的变系数模型①。

（1）无个体影响的不变系数模型。

$y_i = \alpha + x_i\beta + \mu_i$，$i = 1, 2, \cdots, N$

（2）变截距模型。

$y_i = \alpha_i + x_i\beta + \mu_i$，$i = 1, 2, \cdots, N$

（3）个体影响的变系数模型。

$y_i = \alpha_i + x_i\beta_i + \mu_i$，$i = 1, 2, \cdots, N$

在实际运用过程中，到底采用何种模型形式，以避免模型设定误差，保证参数估计的有效性成为计量经济学研究的重要课题。学界通常运用协方差检验的办法进行选择，该检验包含了如下两个假设：

H_1：$\beta_1 = \beta_2 = \cdots = \beta_N$，

H_2：$\alpha_1 = \alpha_2 = \cdots = \alpha_N$，

$\beta_1 = \beta_2 = \cdots = \beta_N$

可见，如果接受假设 H_2，则表明无个体影响的不变系数模型与样本数据特点相吻合，模型所得出的结论说服力更强，因此无须再进行下一步检验。如果拒绝假设 H_2，则需要进一步检验 H_1，待 H_1 被接受后，表明样本数据选择变截距模型更好，反之，则需选择有个体影响的变系数模型。

分别构造 F_1、F_2 统计量检验 H_1 和 H_2，其中 F_1 对应假设 H_1，F_2 对应假设 H_2：

$$F_1 = \frac{(S_2 - S_1)/[(N-1)k]}{S_1/[NT - N(k+1)]}: F[(N-1)k, N(T-k-1)]$$

$$F_2 = \frac{(S_3 - S_1)/[(N-1)(k+1)]}{S_1/[NT - N(k+1)]}: F[(N-1)(k+1), N(T-k-1)]$$

其中，S_1 为变系数模型计算得出的 e^2（残差平方和），同理，S_2 为变截距模型计算出的 e^2，S_3 为混合回归模型估计的 e^2。根据公式计算得出：$F_1 = 0.88593 < F(288, 333) = 1.05$，$F_2 = 38.1891 > F(336, 333) = 1.01$。由此表明，本节模型选择需拒绝 H_2，而接受 H_1，也说明了样本数据更适合含个体影响的变截距模型的特点。

4.3.1.2 Hausman 检验

本节实证分析选择了有个体影响的变截距模型，根据计量经济学相关原理，对含有个体影响的变截距模型来说，还需考虑个体影响是固定效应还是随

① 参考了高铁梅所著《计量经济分析方法与建模》第 10 章相关内容.

机效应，这样考虑的依据是个体影响程度与形式存在的差异性。Hsusman（1978）等的看法是设定为随机效应更有代表性。一般来说，较之于固定效应，随机效应模型的优势在于：随机效应模型估计时损失的自由度相对较少，对“短、宽”面板数据处理较为有利，同时，随机效应模型与实际情况更相符合，避免了固定效应模型将个体影响设定为跨截面的常数而使得分析过于简单化的缺陷。然而，不可否认的是，随机效应模型也存在明显的缺陷，那就是随机效应模型假定解释变量与个体影响不相关，而这几乎有悖于客观经济社会现实；采用随机效应模型可能产生变量内生性问题，这可能与预期结果背道而驰。

因此，对于固定影响和随机影响的辨别和选择，常用做法是：先建立随机影响模型，然后再检验解释变量是否与其相关，如果不相关，就可以设定为随机模型，反之则需设定为固定效应模型。对于检验解释变量与模型的个体影响之间是否存在相关性，学界沿用了经典的Hausman检验方法。该方法包含的原假设是：随机效应模型的个体影响与解释变量不相关，检验过程中所构造的统计量（W）形式如下[①]：$W=[b-\hat{\beta}]'\hat{\sum}^{-1}[b-\hat{\beta}]$。其中，$b$为固定效应模型所估计出的参数，$\hat{\beta}$为随机效应模型的估计参数，$\hat{\sum}$为两类模型分别估计出的参数估计值之差的方差，即$\hat{\sum}=\mathrm{var}[b-\hat{\beta}]$。此时，统计量W服从自由度为$k$的$\chi^2$分布，$k$为解释变量的个数。因此，对于随机效应与固定效应的选择，可以依据Hausman检验原理作为参考，本节利用Eviews7.0进行Hausman检验，得出$p=0.000\,0$，即表明个体效应与解释变量具有相关性，本研究应选择固定效应模型。

4.3.2 模型检验及结果

根据模型实际情况，本书分别讨论了有宗教信仰变量和无宗教变量两种情况下各解释变量对被解释变量人均收入的影响情况，具体如表4-5所示。

① 高铁梅. 计量经济分析方法与建模［M］. 北京：清华大学出版社，2009：337.

表 4-5　　　　　　　　　　**模型输出结果**

变量	模型一	模型二①
pofund	9. 929*** (0. 283 3)	0. 289 9*** (0. 098)
insurance	3. 666 8*** (0. 119 2)	0. 032 1* (0. 115 2)
pfina	0. 053 7*** (0. 003 5)	0. 337 6*** (0. 09)
edu②	584. 537 9*** (220. 829)	0. 344** (0. 362 3)
medical	31. 862 99*** (2. 609 4)	0. 1079** (0. 167)
disaster	-0. 768 (1. 908)	-0. 086* (0. 06)
religion		-0. 194 9* (0. 138)
R^2	0. 981 2	0. 232 1
DW	0. 653 2	1. 699
联合显著性检验（P 值）	0. 000 0	0. 000 0

注：括号内为标准误差；*、**、*** 分别代表在 10%、5%、1%水平上显著.

首先讨论模型一，本节根据模型一输出结果，进行了残差的相关检验，结果显示无自相关性，同时，F 值与可决系数均比较理想，模型的整体效果较好。除自然灾害变量外，各系数均比较显著，且系数符号与预期相符。从变量系数来看，财政支出、保险密度、人均贷款额均与西部民族地区人均收入显著正相关，在其他变量不变的条件下，财政一般预算支出每增加 1 亿元，平均来说将会导致人均收入增加 9. 929 元，这表明财政预算支出对西部民族地区民众增收及对贫困脆弱性的缓解、治理都具有明显的推进作用。对这一结果比较合理的解释是，近年来，中央与地方各级财政专项资金向连片特殊困难地区、革命老区倾斜，强化了对特殊困难群体尤其是少数民族特困地区群体的帮扶。以云南省为例，2012 年，云南着力将中央和省级新增专项扶贫资金用于乌蒙山等连片特困地区扶贫攻坚开发，加大了全省 85 个连片特困县（市、区）财政专项扶贫资金投入力度，投入资金多达 366 242. 98 元，同时，专项安排全省

① 模型二为各变量 2013 年的截面数据，除了人力资本变量和宗教信仰变量没进行对数变换外，其余各变量均进行了对数变换.

② 模型一对人力资本变量进行了对数变换.

藏区综合扶贫开发资金 4 000 余万元、富宁县瑶族聚居区综合试点资金 1 000 余万元、澜沧拉祜族自治县群众聚居区综合扶贫资金 1 000 万元。这些财政支出一方面大力促进了西部民族地区交通道路、电力通信等基础设施的改善，另一方面又通过扶贫项目载体强化了贫困脆弱者自我发展意识、市场竞争意识，带动了更多的人稳定脱贫和致富。财政一般预算支出对民族地区贫困脆弱性的治理还体现为安排专门的产业扶贫专项基金、设置互助试点、开展劳动力就业培训等举措。同样以云南省为例，2013 年云南省安排产业扶贫专项资金约2 亿元，重点扶持少数民族地区烟草、橡胶、茶等传统优势产业和保健食品、花卉等特色产业，大大地促进了当地民众的增收。在支持劳动力转移培训，拓宽民族地区群众增收渠道方面，云南整合中央财政与省级财政扶贫专项基金13 600 万元，转移培训民族贫困地区劳动力约 20 万人次，实施引导性培训 5 万人次，提高了脆弱者的劳动技能与综合素质，拓宽了就业渠道和增收渠道，有效地减轻了地区贫困脆弱性。

从人均贷款与人均收入长期关系来看，当人均贷款每增加 1 元，在其他变量不变的条件下将会导致人均收入增加 0. 053 7 元。这与刘茂盛（2009）等人的研究结果较为类似，即贷款对民族地区居民收入增长具有重大促进作用，金融减贫的“涓滴效应”明显。尽管我国西部民族地区金融抑制现象普遍，但从实证结果来看，在民族地区信贷资金投入促进贫困群体增收的政策上，应关注信贷投放的长期绩效，确保信贷政策的延续性，避免“朝令夕改”的不良取向，力求避免短视行为，以保证其持久减贫效应。同时，在贫困脆弱性金融治理的变量上，保险密度对民族地区居民人均增收同样具有显著的正向促进作用。当保险密度每提高 1%，平均来说会使贫困者增收 3. 666 8 元。这一结果表明保险业对于促进民族地区农业生产、自然灾害的防御、疾病防御等方面的平滑保障作用越来越突出。笔者在西部民族地区调研也得出了这样的结论：民族地区农牧民普遍认为自然灾害频发和灾后损失严重，农业生产实践除了依靠自身积累的风险防御措施以外，农业保险业正在逐渐成为农牧民规避风险的重要工具；绝大部分贫困群体的保险意识也在逐渐增加，对农业保险产品需求强烈并呈现多元化趋势，而由于很大程度上受制于民族地区农业保险市场的缺失而未购买农业保险，农业保险市场供需关系严重脱节。

从其他社会控制变量对贫困脆弱性的影响来看，人力资本是民族地区贫困群体增收的重要途径。根据实证结果，当人力资本水平每提高 1%，平均来说将会导致人均增收 585 元。人力资本对于贫困脆弱性的治理作用不是直接实现的，而是通过人力资本价值的提升作为产业结构优化的推动力，继而促进民族地区产业结构优化调整，为民族地区经济社会发展提供智力支持和促进地区环境、经济社会可持续发展而间接实现的。因此，人力资本开发现已成为影响西部民族地区经济增长和民众增收的重要途径。医疗卫生事业作为贫困者健康保障的重要事业，其对于贫困者生存发展的重要性不言自明。近年来，在西部民族地区"兴边富民"规划的指导下，西部民族地区医疗保险、新农合覆盖面不断扩大，地区重大疾病、传染病、地方病防控力度不断加大，血吸虫病、霍乱、鼠疫等疾病的监测工作不断完善，有力地保障了民族地区人民群众的身体健康，在一定程度上抑制了"因病致贫"现象的发生。模型一中，尽管自然灾害变量不显著，但其参数为负，表明自然灾害确实对民族地区农牧民增收具有极大的阻碍作用，因此加大对民族地区基础设施的建设、修复生态和保护环境是抵御自然灾害的重要措施。

模型二在模型一的基础上加入了宗教信仰这一变量，从输出结果来看，其他变量与模型一符号基本一致且显著，但是宗教信仰与人均收入为负向关系，由此并不能说明信仰伊斯兰教不利于减贫和增收。

4.4 本章小结

贫困脆弱性的金融治理是一个系统问题，既涉及财政一般预算支出、商业信贷和保险对贫困及其脆弱性的减缓及治理作用，同时也涉及人力资本、医疗卫生事业发展状况、自然灾害及宗教信仰等变量与其的正、负向相关关系。

从实证结果来看，财政、人均贷款、保险对贫困脆弱性具有一定的减缓及治理作用。一般来说，财政支出越充分，支出结构越合理，贫困地区的基础设施及公共服务的改善程度就越大，越有助于民族地区贫困群体增收和脱贫致富，同时减轻其与生俱来的脆弱性程度。同样，民族地区金融机构所提供的金融产品或金融服务带来的"涓滴效应"可以惠及贫困群体，有助于培养其自我"造血"和自我发展的能力，同时以扶贫项目为载体，提高了其参与市场竞争的意识和能力，有助于其洞悉市场经济的力量和优胜劣汰的市场规则，从而有助于抑制其自身的脆弱性属性。保险业的发展对于西部民族地区贫困脆弱性的治理作用不可忽视，实证结果表明了保险业对民族地区农业生产活动及市场价格波动风险的防御、疾病抗御、自然灾害的防御都具有不可替代的关键作用，保险对于民族地区的经济社会保障功能越来越突出，但目前西部民族地区保险业的供给与需求结构还不匹配，供需结构失衡现象严重，因此，未来西部民族地区保险业发展还需加速。

在社会影响因素作用方面，人力资本对于西部民族地区稳定脱贫、抑制脆弱性具有决定性作用，但人力资本并不是直接作用于贫困治理的，而是通过人力资本价值的提升促进民族地区产业结构优化调整，为民族地区经济社会发展提供智力支持和促进地区环境、经济社会可持续发展而间接实现的。医疗卫生健康事业的发展为民族地区贫困脆弱性的治理做出了重要贡献。随着近年来国家对偏远地区、少数民族地区的财政金融政策的倾斜，西部民族地医疗卫生条件有了可观的改善，而这为保障民族地区城乡居民身体健康、身心愉悦奠定了坚实的医疗基础。长期以来，西部民族地区自然灾害较为频繁，自然灾害对民族地区经济社会发展造成了极为恶劣的影响，同时又具有不可抗拒性，但随着生态文明建设在国家和地区经济社会发展中的重要性越来越突出，生态环境的保护、自然生态管理创新、自然生态系统的修复以及资源合理资本化越来越成为当前西部民族地区抑制脆弱性的重要举措。

5 西部民族地区贫困脆弱性金融治理的运作机制

在现代市场条件下，金融早已成为经济的核心，决定着经济发展的速率与效率，西部民族地区也不例外。如实证部分所述，当西部民族地区金融因素的作用受到削弱时，经济发展、贫困治理必然受到资本不足的约束。从当前来看，随着西部民族地区金融体系的逐步完善，其对经济社会发展的支持作用也越来越突出。金融支持作为区域金融与区域经济良性耦合发展的前提条件，亦是西部民族地区贫困群体发挥主观能动性、拓展自我发展能力的重要途径。因此，为更好地实现贫困脆弱性的金融治理效应，有必要明确治理原则、构建高效科学的金融治理体系及其运作机制，并形成民族地区的示范效应。

5.1 贫困脆弱性的金融治理原则

5.1.1 政策性投入与商业性投入相结合的原则

从自我发展能力增强的视角来看，金融支持是贫困缓解及治理的一条必由之路，但是金融支持如要发挥更大的减贫效益，就必须在资金投入上采取商业性投入与政策性投入结合的原则，发挥各自所长，实现优势互补。政策性金融与商业性金融本质上反映的是政府调控与市场配置金融资源的互动关系。毫无疑问，商业性金融注重效率，而政策性金融本质上注重公平，两者具有天然的互补性，只有两者实现良好互动，才能更有效地促进地区经济发展和提高金融发展水平。因此，政策性金融与商业性金融犹如一个国家或地区金融体系的“两翼”，不能偏废，缺一不可。二者相互平行、彼此对称，是平等互助的伙伴关系而非水火不容的竞争关系，两者相辅相成，合力彰显了一个国家或地区的金融体系整体功能和结构化效率。

西部民族地区经济社会发展自然离不开金融的强力支持，这也是商业性金融义不容辞的社会责任，但不可否认的是，民族地区的金融运行环境较差。从整体经济环境来看，该区域经济基础薄弱，能吸纳众多就业人口的大型企业、大型集团有限，企业经营效率普遍不高，基础设施较为落后。从金融的运行环境来看，国有商业银行信贷资产质量普遍较低，包袱较重。地方中小金融机构抗风险能力不强，资金实力也较为有限，支持实体经济的能力不足。若按现有的信贷条件，金融扶贫以及层次更为深入、更为细化的贫困脆弱性的金融治理，尚不能完全依靠商业性投入来实现。因此，在金融扶贫过程中，除了国家信贷给予倾斜性政策以外，还需国家政策性资金连续性投入。

5.1.2 信贷政策统一性与差别化相结合的原则

在我国现行的经济框架范围内，金融支持经济发展、贫困地区的金融减贫，其支持方式、支持结构都呈现出显著性差异。而这些差异性是基于多方面原因而产生的。纵观我国经济发展历程及演进历史，区域性差异发展一直存在，而且由于区域间本身的异质性造成了区域间金融资源服务经济的质与量都具有较大的差别，在这样的情形下容易导致经济周期制约下的经济结构剧烈变化，各区域的产业培育、扶持也面临不同风险系数的差异。就我国而言，金融扶贫体系内部的结构性差异主要归因于不同地区间的历史、地理、风俗、宗教等诸多因素相互交织的结果。我国区域金融减贫的差异发展，部分是由于各地政府对商业银行干预程度不同而造成的，同时我国各个地域传承和沿袭下来的商业文明、信用基础、金融生态环境的多样性也对金融减贫的结构性差异造成了较大程度的影响。其作用机理如图 5-1 所示。

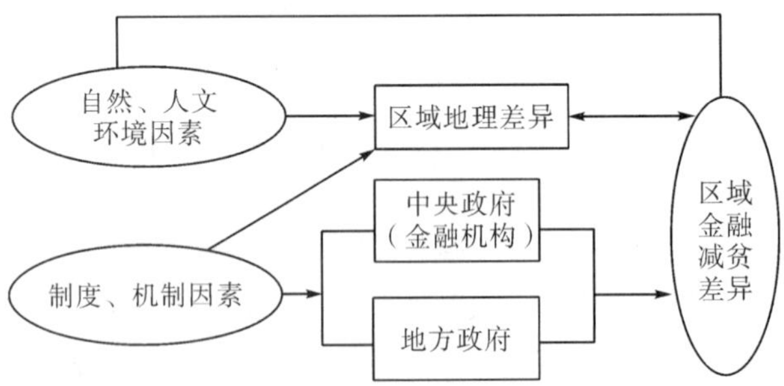

图 5-1 金融减贫结构化差异作用机理

为此，可从宏观、中观、微观三个层面实现践行信贷政策统一性与差别化发展的原则。在宏观层面上，可从金融宏观调控、金融管理政策和局部扶持政策三个维度进行。实施差异化的金融宏观调控政策一方面可以改善地区金融结构的协调程度，另一方面还可以通过贯彻国家的产业政策及方针，加大对西部民族地区的政策扶持力度。国家在制定金融政策时需全盘考虑但又需要对各个地区区别对待，严禁“一刀切”现象，在实施手段上可以在利率、准备金及差异化政策方面有所不同。差异化的金融管理政策可以考虑借助货币政策工具——准备金率、利率等手段来调节，缩小其比率，进而消除区域金融结构的差异性。局部性的扶持型政策调控，其核心思想是针对金融结构区域差异性，及时通过对落后地区的正常扶持，将金融结构调整的重点聚焦到提高区域差异下金融体系结构功能的发挥上。在中观层面，由于西部民族地区总体金融发展水平滞后，金融体系不完善，经济货币化程度较低，因此对这些区域的金融差别化发展应以中央直接调控为主，以地方间接调整为辅，可考虑在贷款利率、准备金率、再贴现率等方面进行调整。在微观层面，由于金融结构在区域间发展不平衡的主要表现集中体现为金融资源配置中的不合理性，这种不合理性又主要呈现为直接融资与间接融资两者融资结构的巨大差异，为此，要从微观运作路径上充分实现金融差别化发展战略带来的政策调控红利，就需要在合理的区域结构下，以微观层面的金融产品、服务创新为突破点，以市场的决定性作用为导向，完善金融生态环境及人力资本形成机制，更好地实现金融差别化发展战略实施带来的正向经济社会溢出效应，最大限度地挖掘金融减贫的经济社会综合效益。

5.1.3 金融支持与风险防范相结合的原则

总体来看，我国民族地区尤其是西部民族地区的金融风险问题较为严峻，而在西部民族地区的农村，对解决这一问题的要求更为急迫。民族地区农村金融市场实际利率普遍偏低，信贷资金缺口较大，同时，整体金融服务水平低下以及产品结构不合理、市场组织结构不完善进一步制约着民族地区金融市场体系的健康形成。除去这些共性特征外，作为少数民族聚居区，西部民族地区还长期要面对金融生态环境不佳、政府干预色彩浓厚、资本市场发展滞缓等“老大难”问题，这些问题使得民族地区金融风险问题极为突出，颇引人关注。民族地区的金融风险问题如果得不到及时、彻底的解决，那么它不仅会抑制民族地区金融需求主体的正常金融诉求，还会制约民族地区农业产业化发展和农民增收，最终阻碍贫困群体的脱贫步伐，加剧地区贫困脆弱性。与此同时，金融风险的不断累积，还会制约整个民族地区金融的健康运转，酿成局部性甚至全局性的金融危机，甚至破坏整个社会的经济发展、民族团结和社会稳定。为此，要使西部民族地区的金融在减贫致富、克制贫困脆弱性方面发挥更大的效益，就必须严控西部民族地区的金融风险，积极探索出符合西部民族地区实情的金融治理结构与制度安排，促进农村金融体系进一步完善，强化金融在减贫系统工程中的“造血”“输血”作用。

5.1.4 自我发展能力增强与贫困脆弱性消减相结合的原则

我国现行的反贫困制度，基本将目标瞄准于或锁定在国定贫困线及以下的“贫困群体”，其目标过于“狭窄”，且满足于“事后救济”，金融扶贫也几乎是一种后续的补救举措而非事前预防的良法。就现行的反贫困制度安排绩效来看，这种安排存在明显的逻辑漏洞，它不是一种预测准贫困群体发生贫困的可能的主动的防御，而是一种被动的救济，其高昂的扶贫成本与减贫的不稳定性效果自然而然就成了必然性事件。毫无疑问，贫困群体的脆弱性已成为新时期西部民族地区可持续发展的瓶颈，只有充分抑制或消减贫困的脆弱性，才能从根本上防止贫困的产生。为此，新时期西部民族地区减贫战略必须要做大的调整，相应的各种扶贫力量、扶贫方式也应该进行调整。金融减贫应从消减经济性贫困的目标转变到消减贫困脆弱性的目标；从事后金融供血救济为主逐步转变到事前干预为主；从单纯的“输血+造血”模式升级为金融扶贫“增强免疫力”模式。减贫的目标瞄准应该扩展到脆弱性贫困群体而不仅仅停留在静态贫困群体，反贫困斗争的中心任务应该是“如何消减贫困群体的脆弱性”。为此，应该重新审视当前的反贫困、金融减贫制度安排绩效，逐步完善金融减贫以及整个反贫困制度，只有这样才能从根本上遏制脆弱性群体返贫，从而提升减贫绩效。

5.2 贫困脆弱性金融治理的机制构建

5.2.1 政策性金融脆弱性治理机制

政策性金融是在国家信用基础上，政府金融机构充当中介，运用多元化的融资手段，在国家法律框架内，针对特定的经营对象，以优惠的存贷款利率或其他政策优势，为响应国家的某些宏观经济战略直接或间接地实施的一种特殊的金融类型或金融活动。一般而言，政策性金融具有三个特征，这些特征实质上也是进行贫困有效治理的践行机制。一是通过融资推动项目建设，通过市场机制作用或中介实现政府的既定发展目标，如改善民生、推动区域经济发展、扶贫等；二是往往以国家或地方政府信用为基础，以市场业绩为导向，客观上促进了社会信用体系的建立及投融资体制的完善；三是政府组织协调功能与融资担保功能叠加，促进了市场机制的健全及区域经济的发展。不难看出，这三个特征都直接或间接地有助于贫困的缓解及治理。值得注意的是，尽管决策层多次在实践层面提及政策性金融的市场定位，但是政策性金融扶贫本身作为一种金融深化机制，不论是在理论层面还是实践领域都需紧扣转型时期这一宏观背景。

政策性金融由于要紧密结合国家经济发展战略和产业扶持导向，其政府参与色彩较为浓厚，金融开发特征也较为鲜明。从国际发展惯例来看，政策性金融一般会经历三个发展阶段：政策性主导阶段、以制度体系建立健全为主的发展阶段、完全化的市场阶段。由此可以看出政策性金融发迹于以政策性为主导的金融发展或金融深化，因此它先天带有明显的政府参与痕迹。政策性金融发展的第一阶段可以视为政府财政意图的延伸或补充，操作层面来看主要体现在以财政性支出为主要实施手段。尽管政策性金融在初级阶段具有弥补市场缺陷的优点，但其在发展过程中也会产生许多新问题，如金融体系发展滞缓、经营效率低下、透明度低等。这些问题产生的根源在于缺乏健全的市场体系的介入，因此，在高度发达的市场主导型的国家或地区这些问题相对就不突出（如美国、英国等），而在金融市场体系相对落后、金融体制不健全的国家，这些问题则较为普遍。随着这些问题的产生，政策性金融逐渐向制度化、市场化趋势过渡。第二阶段为制度、机制形成并完善的阶段。该阶段强调市场绩效，并力求以市场化的方式实现政府的政策意图或既定目标，在市场化经营过程中推动市场及各项制度体系的完善。第三阶段为市场化阶段，也即战略性金融开发阶段。在这一阶段，随着市场体系、各项制度的逐步完善，国家或地方政府信用开始与金融资源配置分离，待到金融资源配置、开发活动完全纳入市场化轨道之后，政策性金融开发活动所涉及的领域就转变成基础设施建设、民生领域改善等。综合分析，政策性金融减贫机制可以概括为一种以特定的金融中介（如各类型银行、小微金融机构等）为扶贫项目融资主体，以建立市场或健全制度体系的方式，实现经济长远发展、社会各项事业取得明显进步，为贫困人群创造良好的生产生活条件和就业机会，增强其自我发展、自我“造血”的能力，并有效实现政府政策意图的特殊金融形式。具有减贫意义的金融开发可视为政策性金融的深化与升级，但其发展能力与潜力远远超越了政策性金融的内涵，从这个角度来看，金融开发是传统政策性金融活动的继承和丰富。

5.2.2 商业性金融脆弱性治理机制

多年来，在国家扶贫战略指导下，西部民族地区金融服务功能已有了质的改善，但是长期困扰农村经济发展的经济二元结构仍未发生根本转变，相伴而生的二元金融结构使得民族地区农村或偏僻地区“缺血”严重，金融供给与需求严重脱节。随着新一轮国家扶贫开发战略的实施，农村金融开发中对金融资源的需求量还会源源不断地增加。从长远来看，伴随着新一轮西部大开发及新丝绸之路经济带的建设，西部民族地区农村金融市场存在着巨大的发展空间，商业性金融完全可以凭借其自身数量多、规模大，在金融体系中居于主体地位的优势，充分把握民族地区农村金融市场的特殊性，创新因地制宜的民族地区金融产品和服务，通过参与式金融开发，积极开发拓展西部民族地区的农村金融市场，早日实现民族地区经济、社会、文化、生态各系统的全面发展。

商业性金融参与西部民族地区减贫活动，应贯彻可持续性和政策性、经济与社会效益相契合的原则。在当前西部民族地区全面推进城镇化建设及新丝绸之路经济带建设的大背景下，商业性金融参与金融开发，既是社会责任亦是发展机会。总体来看，商业性金融可以通过间接和直接两种途径参与脆弱性治理活动。

第一，间接参与。大中型商业银行如农业银行、邮储银行等可以通过增加对民族偏远地区基础设施改善项目、现代农业的批量贷款来参与贫困脆弱性治理活动。这一点对促进西部民族地区长远发展尤为关键，客观上也间接地帮助了贫困群体的脱贫致富与脆弱性的治理。对于那些将网点设置在县域、小城镇的商业银行来说，如果让其直接参与西部民族地区基层的金融服务，一方面会加大其运营成本，另一方面势必也会因为金融生态问题导致其坏账、呆账风险增加。相比大中型商业金融，一些发展潜力较大、接民族地区地气的新型农村金融机构和小额信贷机构在贴近农村、服务农户方面更具有优势，但是这些金融供给主体往往都面临后续资金不足的难题，基于此，大中型商业金融机构可以通过委托授权或沟通合作的方式向其提供具有优惠利率的批发贷款，帮助小微金融机构进行贷款活动，弥补其后续资金不足以及受“只贷不存”影响的劣势，最大限度地发挥草根金融服务的“涓滴效应”。

第二，直接参与。随着新一轮西部大开发战略的实施及新丝绸之路经济带的建设，西部民族地区金融发展前景逐步明朗。从长期来看，资本实力雄厚的国有大中型商业银行或地区城市商业银行完全可以有所作为，如通过逐步设立由其控股的村镇银行或自身的分支机构、投资公司等中介积极拓展民族地区金融市场，把脆弱性群体纳入进来，直接参与贫困地区金融开发活动。首先，商业性金融机构可以根据民族地区农村市场需求，设计出适销对路的金融产品或服务。具体来说，包含三个方面的措施：①针对不同客户和不同贷款用途，科学设置贷款额度以及期限；②创新多种抵押担保方式，如林权、渔权、畜牧养殖权等多种方式，推广“P2P”或“企业+社区+农户”等多种新型担保方法；③不断推出小额贷款保险及小额贷款风险基金，以防贷款参与主体无力偿还的风险。其次，商业性金融机构应重视贷款服务流程各环节的成本控制。具体来说，商业性金融机构可充分利用电话银行、手机银行、网上银行等现代化技术手段，降低金融机构内部管理经营成本，促进金融交易、结算设备的创新，强化人力资本红利，提高基层员工工作效率和工作积极性。最后，商业性金融机构需协调各参与方利益，做到统筹兼顾，利益均沾。参与式金融开发涉及的参与主体较多，商业性金融机构应与各利益相关方积极合作，建立伙伴关系，如与其他金融供给主体实现信息共享；与地方政府深化金融扶贫开发合作，不断拓展自身业务；与扶贫对象、脆弱性群体及时交流，积极参与扶贫项目的推进，提升贫困地区的金融开发效率。

5.2.3 合作性金融脆弱性治理机制

长期以来，零散化的农业经营模式造就了农户的市场弱势，其结果必然是导致农户的经济弱势并衍生出脆弱性特质。因此，从某种意义上来说，解决西部民族地区农户增收难、脆弱性特质显著等问题的突破点在于如何有效解决“大市场”和“小生产”之间的矛盾，继而在此基础上建立真正彰显农户主人翁地位的互助金融组织和制度安排，以激发贫困农户、脆弱性农户的脱贫信心，增强其团结协作意识及自我发展能力。由于成员间的合作觉悟和协作能力是合作性金融健康发展的基础，而当前我国信用体系正处于由亲缘信用向契约信用转型阶段，因此，如何设计科学的合作体系，建立起既能维护个人信誉又有助于优化民族地区信用环境的“市场载体”至关重要。值得说明的是，这里的“市场载体”是一个广义的概念，既包括新型合作性金融机构，也包括新的金融产品或服务的创新。长期来看，金融产品的设计应体现合作意愿，这种合作既包括贫困者、脆弱者之间的合作，又包括脆弱性群体与龙头企业、村庄、地方政府及合作社等组织间的横向合作；在形式上既可以是个体间的合作，也可以是基于产业链延伸的垂直上下游之间的合作。

基于上述分析，在参考国外合作性金融运作的经验基础上，笔者认为，在西部民族地区金融扶贫开发中需鼓励合作性金融扶持农业现代化、规模化、专业化经营，进而加快低收入群体与贫困民众脱贫的步伐。合作性金融的优点主要在于接农村金融需求地气，适合农村金融分散、小规模、近距离特点；可以有效克服信息不对称问题，较好地消除道德风险不利影响；可以有效破解商业性金融进入障碍，极大提高弱势贫困群体信贷的可得性。在现有的金融体系框架下，合作性金融可以从三个方面来实现合作减贫。一是通过支持贫困农户、小微企业向农村合作金融机构融资以参与减贫。合作性金融以服务合作社员为宗旨，谋求社员共同利益，积极支持、参与扶贫项目或致富项目的开发，有助于降低个体投资经营的风险，并保障贫困群体的稳定脱贫。二是合作性金融有助于贫困瞄准和金融生态优化。西部民族地区合作性金融成员大多依托一定的社区、村落和产业，具有较好的地缘、人缘关系和相近的宗教信仰，一般来说，各成员彼此之间信息掌握得较为充分，因此，在对贫困农户信贷的过程中，合作成员可以充分发挥其信息优势，实现瞄准扶贫并有效避免产生坏账、赖账等信用风险。三是助推贫困农户走出重复返贫的怪圈并有效抑制脆弱性。在一段特定时期内由市场波动或政策调整所导致的成本（健康成本、培训成本）增加，往往会使具有脆弱性特质的贫困群体，尤其是脆弱性特质显著、贫困程度深的贫困者偏好利用未来收入进行平滑，而预期收入的提前偿付，可能使其在未来的一段时间内生活捉襟见肘，陷入更加贫困的状态。在这种条件下，合作性金融机构或组织就可以及时地为其提供急需贷款，帮助其顺利渡过难关，提升其自我积累能力，从而使其彻底跳出重复返贫的怪圈。

5.2.4 小微金融脆弱性治理机制

西部民族地区金融扶贫开发要实现可持续发展，需要满足一些基本条件，如参与主体的合法性与积极性、社区的凝聚力、良好的外部融资条件、政府政策支持等。实践证明，以小额信贷为代表的新型金融机构对民族地区的扶贫具有十分重要的正向促进作用，尤其是对于帮助民族地区农民增收并获得自我发展能力意义尤为重大，而这一点恰可为贫困脆弱性金融治理提供良好的行动启示。同时，小额信贷等新型金融组织提供给贫困群体零星分散、额度较小的金融服务具有一定的“涓滴效应”，该效应有助于西部民族地区早日跳出“贫困恶性循环”，开启内生性增长模式。

一般而言，我国的小额信贷主要归结为三种类型。第一类是政策性小额信贷，也即福利性小额信贷。这种小额信贷对弱势贫困群体帮助较大，但存在的风险表现为后续资金的匮乏，一旦资金链断裂便难以为继。同时，如果相关机构监管不到位，极易造成寻租等腐败行为的滋生，通常这种类型的小额信贷可持续性较差。第二类是公益性小额信贷。这类新型金融机构服务的对象为特定的中低收入群体与贫困群体，其发展历程一般经历初期政府扶植，然后渡过初创期后实现自给自足。对于公益性小额信贷来说，其公益的目的值得提倡，但公益的目的需借助市场化的手段，遵循市场价值规律，这样才能实现这类组织盈亏平衡，达到扶贫的持久性。第三类是商业性小额信贷。这类金融服务一般不直接针对弱势贫困个体，而是针对小微企业，但是对小微企业的信贷也间接地为贫困群体提供了就业机会，因此客观上也达到了扶贫的社会效果。

总体来看，在扶贫的功效上，三类小额信贷都具有可取之处及适用性。在西部民族地区具体实践过程中，应充分考虑三类小额信贷各自的优势与不足，如何使三类模式扬长避短，实现优势互补及均衡发展是扶贫开发主体应该着重思考的问题。但较为一致的看法是应鼓励西部民族地区新型的农村金融机构参与扶贫项目开发，如以村级为单位，实现贫困村资金互助项目规范化、持续化发展，积极培育具有发展潜力的民族村资金互助项目成长为新的合作性金融机构并参与市场竞争，在竞争中实现自我增值，帮助贫困人口稳定脱贫，巩固来之不易的扶贫成果。

5.3 本章小结

金融支持是区域经济社会发展与金融良性耦合互动的前提条件，亦是金融减贫的途径和渠道及金融资源效应的传导机制。因此，为更好地实现贫困脆弱性的金融治理效应，有必要构建高效科学的金融治理体系及其运作机制，在其运行机制内不断扩散金融减贫的最大效应，从而形成民族地区脆弱性治理的典型样例。

本章首先明确了西部民族地区贫困脆弱性治理的四个原则，即政策性投入与商业性投入相结合、信贷政策统一性与差别化相结合、金融支持与风险防范相结合、自我发展能力增强与贫困脆弱性消减相结合的原则。这四大原则尽管表现形式和作用机理不尽一致，但本质都在于更好地遏制贫困群体的脆弱性属性，提升民族地区金融减贫绩效，完善金融减贫体系。

在明确了贫困脆弱性治理的原则之后，有必要洞悉贫困脆弱性不同类别金融治理机制的构建。概括而言，政策性金融主要是通过融资推动项目建设，通过市场机制作用或中介实现政府的既定发展目标，如改善民生、推动区域经济发展、扶贫等，或者形成政府组织协调功能与融资担保功能的叠加，促进市场机制的健全及区域经济的发展，间接地带动地区减贫和致富。商业性金融减贫机制主要体现在机构直接或间接地参与扶贫活动上。间接参与主要表现为通过增加对民族偏远地区基础设施改善项目、现代农业的贷款来参与金融扶贫开发，直接参与主要表现为设立分支机构来直接参与贫困地区金融开发活动。合作性金融减贫机制主要体现在贫困农户、小微企业向农村合作金融机构融资过程中的参与、贫困瞄准和金融生态优化以及更有效率地助推贫困农户摆脱“贫困陷阱”并抑制脆弱性特质。而以小额信贷为代表的小微金融减贫机制主要体现为金融支持对贫困群体的“涓滴效应”和直接金融服务。

6 西部民族地区贫困脆弱性金融治理的政策启示与对策建议

经过几十年富有成效的扶贫工作的开展，现阶段我国已结束了大规模绝对贫困人口的锐减时代，转而进入了“难啃”的扶贫攻坚新阶段，相对贫困、返贫成为当前及未来一段时期内需要解决的主要问题。在新的历史时期，我国西部民族地区贫困形态与减贫战略均已发生了显著变化，以贫困脆弱性为核心特征的贫困治理已刻不容缓。金融治理作为被许多国家或地区证明的最为有效的主动出击、增强自我发展能力的减贫手段之一，其基本理念与作用机理在于为贫困脆弱性群体提供信贷资金的可得性以及由此延伸出的基础设施改善、人力资本的培育，从而使得贫困人口的收入增加，防范和抵御各种外部负向冲击的生计资本得到夯实以及风险的平滑能力得到增强。根据贫困脆弱性现状及治理绩效，在贫困脆弱性的金融治理方面可以在相应的政策启示下提出几点具有普适意义的对策建议。

6.1 贫困脆弱性金融治理的政策启示

6.1.1 理性认识贫困脆弱性金融治理的作用

从前文的分析得知，当前我国的减贫战略亟须从经济性减贫、缓贫向脆弱性贫困综合治理转变，由事后救助救济向事前干预免疫转变，以增强贫困脆弱性群体应对自然灾害、市场波动、宏观政策调整、疾病威胁等多重风险的适应性。作为抑制、消除贫困脆弱性风险的重要手段，财政、金融在贫困脆弱性综合治理之中的作用显而易见，但需指出的是，财政、金融手段并非万能，它也需要同其他减贫资源、社会力量、经济政策、经济环境等进行配套才能发挥更好的效益。因此，我们应辩证看待、理性认识贫困脆弱性的金融治理作用，既不夸大其减贫效益，也不贬低其在西部民族地区的减贫作用。较之于以往的经济性减贫，贫困脆弱性的综合治理对财政金融投入与支出的力度的要求无疑会更高，而当前西部民族地区反贫困的财政金融投入水平仍较为有限。因此，加大财政金融的投入与支出力度，提升财政金融减贫绩效，并适时地根据物价水平、国家财力增长不断调高民族地区贫困线，以加大对西部民族地区贫困群体的支持力度，确保更多的脆弱性群体得到有效的帮扶，对于抑制返贫和促进西部民族地区民生改善将具有十分重要的意义。

6.1.2 科学识别贫困脆弱性金融治理的目标群体

一般而言，财政扶贫资金的主要服务、扶持对象是收入水平处于贫困线以下的绝对贫困人口，而金融减贫的主要对象则是相对贫困人口。因此，财政与金融的扶贫侧重点有所不同，在脆弱性治理活动进行之前，为提高治理绩效，首先应有效识别目标群体，实施精确扶贫，避免“眉毛胡子一把抓”；同时，针对不同金融需求主体的多元化需求，应对症下药，采取分门别类的财政、金融治理方案和治理形式，从而实现脆弱性治理的最大减贫效应。

鉴于要实现西部民族地区减贫策略由“事后干预”转变为“事前预防”，当前我国贫困人口识别方法亟待调整，调整的重点在于将扶贫的瞄准对象由贫困线确定的贫困人口转变为脆弱性群体。“贫困”与“脆弱”二者虽然有千丝万缕的联系，但贫困者一般比非贫困者脆弱性特质更为突出，而脆弱者明显比非脆弱者更加容易陷入贫困。“贫困”与“脆弱”并不对等，贫困者并不一定是脆弱者，反之亦然，脆弱者也并不等同于贫困者。比如，云南基诺族一家靠种植橡胶为生的非贫困家庭，由于受到自然灾害和市场波动的概率较大，无疑为脆弱性家庭。根据国外有关研究成果显示，脆弱性群体的数量要大于贫困群体的数量。贫困者与脆弱者的关系如图 6-1 所示。

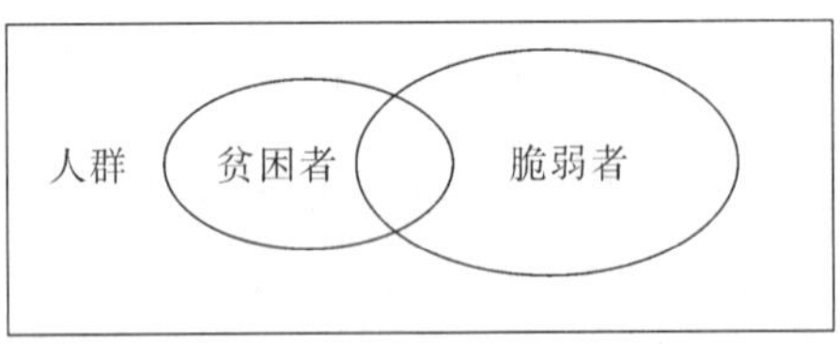

图 6-1　贫困者与脆弱者关系图

更为重要的是，脆弱性是一个具有前瞻性的概念，针对的是非贫困人口未来陷入贫困的可能或贫困者陷入更加贫困的可能，而贫困是一种特定状态和结果。将减贫的瞄准对象进行重新调整，对确定后的“脆弱性”群体实施有效的事前应对，使其免于陷入贫困或加深贫困程度，无疑将大幅提升西部民族地区脱贫的稳定性，巩固减贫成果。

6.1.3 合理构筑上游干预的金融支持体系

“上游干预”就是在上游消除贫困产生的条件和机制，割断贫困产生的链条。目前，西部民族地区的最低生活保障是一种“下游干预”的措施，尽管此类制度在一定程度上缓解了贫困者的生存压力和生活压力，但如果完全依靠政府、社会救助，不仅不能彻底地消除贫困，而且可能忽略致贫、返贫的深层次因素。实施“上游干预”的政策，需要从环境与个人等多个方面入手，但目前西部民族地区上游干预最迫切需要解决的问题是提高儿童接受教育和医疗服务的可及性。据笔者在西部民族地区调研的情况来看①，西部民族地区初中毕业升学率较低，辍学率较高，人力资本发展状况堪忧。因此，相关部门应针对西部民族地区贫困尤其是农村地区的贫困脆弱性特征，逐步构建一个由普遍性医疗保障制度、普惠型福利、选择性社会救助以及就业机会政策组成的“四驾马车”框架，合力发挥脆弱性的上游干预作用。

无论是对于建立普遍性医疗保障制度、普惠型福利，还是选择性社会救助、就业机会政策等“上游干预”脆弱性预防体系，都不能回避的一个问题是资金投入问题。比如要在西部民族地区建立普遍性医疗保障制度，就必须扩大合作医疗的保障面，全面统筹大病与小病，实施覆盖面广的农村公共卫生计划，实施医疗救助计划，加强公共卫生、健康保健及营养膳食等方面的宣传，而这些无疑都需要专门的财政资金投入。在此情况下，相关部门需提高财政资金存量的利用效率，而从长远战略去考虑——如果缺失预防性的医疗、卫生、教育等基础事业的投入，可能会带来更高的治理成本，因此预防性支出本身就是一种有效率的脆弱性治理举措。除了整合存量以外，还需加大增量投入。西部民族地区地域广阔，贫困程度深，脆弱性特征鲜明，如果仅靠中央或地区的财政投入，是远远不够的，况且随着减贫战略向综合性贫困治理转变，贫困地区对资金投入的需求只会越来越强，因此，引入商业性金融、商业保险、社会资本来补充贫困脆弱性的上游干预“投入”，是解决脆弱性资金缺口问题和提升资金利用效率的必然选择。因此，由财政、金融、民间资本等主体共同构筑的西部民族地区贫困脆弱性消减金融支持体系已成为新时期西部民族地区贫困治理、提升反贫困绩效、促进区域经济发展的重要力量。

---

① 潘泽江等人在广西瑶族地区的调研也证实了这一结论.

6.1.4 适时构建扶贫、扶智、扶志“三位一体”的金融减贫格局

西部民族地区普遍面临发展资金缺乏、资金投入有限，财政来源单一，文化观念及教育水平落后等难题，“温饱”“小康”与“建设”矛盾突出。例如，甘南藏族自治州的一项数据表明，甘南州地方财政自给率只有 7.5%；同时，民族地区群众受教育程度普遍较低，农村劳动力中、小学以下文化程度占绝大部分，甘南州青壮年文盲率更是高达 8.7%。① 教育水平的落后，直接导致了民族地区群众思想僵化、缺乏市场竞争意识，具备劳动技能、了解市场信息和懂法律的人才极其匮乏，这种情况就使得居民增收难上加难。因此，对于广大的西部民族地区而言，扶贫工作不仅仅是针对贫困本身地增加贫困群体的经济性收入，还亟须建立起人力资本雄厚、市场竞争意识强烈、市场信息掌握充分的扶贫、扶智、扶志三位一体的贫困脆弱性治理格局，而相应的金融支持也应该为这个目标进行配套服务，从而形成三位一体的金融减贫格局。

在三位一体的扶贫格局中，扶智、扶志是扶贫的前提，基于科学规划是西部民族贫困地区实现稳定脱贫、实现后发赶超和跨越式发展的前提条件，国家开发银行、农业发展银行以及国有大型商业银行等金融机构应发挥专家、行业的优势，尝试建立“三农”金融辅导员制度和编制因地制宜的民族地区产业、市场、社会发展规划，大力开展“三农”金融辅导工作。辅导所涉及的内容应包括国家政策、农业技术推广、基本的金融常识、基本的法律知识及具有民族地区代表性的脱贫致富案例。上述宣传与辅导，可为贫困群体提供有益的智力支持。从宏观层面看，“三农”金融辅导工作的开展，有助于培育广大贫困劳动者的金融意识、市场参与意识、自我发展意识，引导贫困者重合同、懂市场规律、守信誉，从而为营造良好的诚信金融生态环境奠定坚实的群众基础。从微观层面看，送知识、技能上门，可以帮助贫困者寻找致富的途径，加强其生产经营的针对性，避免盲目生产，而且还可让脆弱性群体贷到款，并能及时还款。此外，系统性地设计相应的融资方案，可以实现扶贫的针对性和增强民族地区贫困群体的脱贫信心，达到扶志的理想效果。譬如，国家开发银行与湖南省民委联合编制完成的《湖南省武陵山片区区域发展与扶贫攻坚系统性融资规划》，就得到了时任国家民委主任王正伟的高度赞扬，规划中所提出的差异化发展思路与融资支持方案，具有较强的指导性，值得西部民族地区广泛

① 李荣. 甘肃省农村金融发展对农村贫困减缓的影响研究［D］. 兰州：兰州财经大学，2014：25.

借鉴。

教育是引导西部民族地区脱贫致富并形成强大人力资本的决定性路径，国家开发银行、大型商业银行等金融机构应对民族地区教育扶贫开发予以重点支持。如可以向民族贫困片区发放助学贷款，确保助学贷款在一些偏远民族山区的全覆盖，还可以与西部人才开发基金会等组织合作，为民族贫困乡村中小学校长及地区领导干部开展综合素质轮训，以支持片区基础教育发展，减少民族地区辍学率并增强服务地区经济社会的发展潜力。

在规划、教育的引领下，西部民族地区可尝试建立“政府主导、扶贫贴息、统筹统贷、社会共建、贫者受益”的批发式融资机制，以支持西部民族贫困地区基础设施建设。如相关金融机构可通过融资平台、担保平台的贷款模式以及“农户+公司”等组织模式，支持民族地区特色产业发展，发挥造血式扶贫的作用，最大限度地减轻市场波动与信息不对称给贫困者带来的经济损失；同时，“农户+协会+公司”的组织模式紧紧地将个体与组织捆绑在了一起，有效地克服了个体分散经营的风险，客观上也有效抑制了贫困的脆弱性，从而为民族地区优势资源的开发与贫困脆弱者的稳定脱贫产生积极影响。

6.2 相关对策建议

6.2.1 完善财政扶贫机制，提升贫困脆弱性地区的财政治理绩效

随着新一轮西部大开发战略实施和新丝绸之路经济带的建设，西部民族地区财政扶贫支出力度无疑会继续加大，而完善现有的财政扶贫机制，将财政支出投向与贫困脆弱性的抑制机理紧密结合，对症下药，可促进贫困脆弱性群体增收，增加其抗击风险的金融资本和其他生计资本。

从西部民族地区实际发展情况来看，要发挥财政扶贫资金的最大效能，可从四个方面入手。

一是设置专项的产业扶贫财政资金。西部民族地区特色产业较为丰富，如宁夏的枸杞、硒砂瓜、特色清真产业全球驰名，新疆哈密地区的哈密瓜、葡萄名誉海内外，云南民族地区茶叶、烟草、水果等传统优势产业增收效应明显，但这些传统优势产业、特色产业生产个体由于受限于资金的缺乏，难以进一步做大做强。为此，及时设置专项的产业扶贫财政资金，可以有效解决脱贫意愿强烈的脆弱者生产资金链短缺的困难，有助于充分调动其生产的积极性，增强其自力更生的自我发展能力。

二是提高扶贫贴息贷款效率。现有的扶贫贴息贷款存在的一个明显弊端就是对贫困农户惜贷，贫困者以及贫困脆弱性突出的群体获取贴息贷款难度大已成为我国扶贫贴息贷款多年来的一个顽疾。鉴于此，为强化西部民族地区财政减贫的支持绩效，可以尝试将民族地区现有的扶贫贴息贷款直接转化成贫困地区发展贷款，使其职能目标由消减贫困人口转变为支持贫困地区自我造血式发展。

三是开展互助资金试点工作。利用财政及金融的杠杆效应，西部民族地区可以因地制宜地大力发展互助资金。西部民族地区可借鉴宁夏互助资金的成熟做法。从2006年起，宁夏开展互助资金试点。具体做法为：由政府无偿注入资本金、农户自愿入股缴纳一定互助金，入股的农户可按缴纳互助金的比例享受1 000~5 000元的财政资金扶持，管理上遵循“民有、民用、民管”的原则。这一模式迅速风靡全区，有力地解除了贫困脆弱性群体金融资本匮乏的后顾之忧。目前，宁夏互助资金已由点及面、由面到片，逐步构建起了“借、贷、贴、保”的脆弱性金融治理架构。与此同时，互助资金与“千村信贷”捆绑资金、“村‘两委’+合作社+新农村”的运行模式完美结合，扩散了互助资金的整体减贫效益，并成为宁夏全区贫困脆弱性治理的“金钥匙”。

四是加大财政对对口扶贫、NGO（非政府组织）扶贫的引导力度，促进扶贫主体的多元化。未来新型城镇化建设和丝绸之路经济带的建设所需的扶贫资金缺口巨大，以政府主导的扶贫资金投入相对来说较为有限，而相关部门应未雨绸缪，积极引导社会资源参与扶贫项目建设，鼓励民间资本参与扶贫活动，使资金、项目或者发起人成为扶贫的“主体”。

6.2.2 构建普惠金融体系，扩散对脆弱性群体金融服务的“涓滴效应”

党的十八届三中全会正式提出：“发展普惠金融。鼓励各种形式、因地制宜的金融创新，不断丰富和完善金融市场的产品和服务。”这是党中央的正式文件中第一次使用“普惠金融”概念，这一概念的提出彻底升华了过去多年中央一号文件关于发展“小额信贷”“小微金融”的笼统提法[①]，这也标志着我国农村地区金融体系改革的重大突破，意味着内涵更加丰富的普惠金融体系将逐步在各个层面进行推广。

普惠金融（inclusive financial）最典型的特征就是其包容性，即金融发展应最大限度地覆盖一切有金融需求的社会群体，尤其是穷人等社会边缘群体。

---

① 引自杜晓山于2014年2月24日在《金融时报》上发表的关于发展农村普惠金融的评论.

普惠金融的发展不仅仅带有普惠、包容的性质，而且还包括了金融机构本身发展的深度与广度。普惠金融的发展可以提高经济增长率并减少由社会排斥带来的收入不平等，减贫效应明显。普惠金融构成较为丰富，其构成主体包含政策性金融、商业性金融、非正规金融、合作性金融等。各种类型的金融在社会信用体系的保障之下，消除金融服务的空白地带，让社会最底层的贫困群体也能享受到金融服务的“涓滴效应”。普惠金融包括的内容主要有如下几个方面：

第一，鼓励正规金融增加金融服务覆盖面。政策性金融、商业性金融和合作性金融是金融服务的主要供给者，承担着基础设施建设、产业结构调整与升级、地区综合开发、“三农”改革突破等历史任务。一直以来，商业性金融基于趋利的本性“去农化”现象较为突出，其金融减贫效应在西部民族地区体现得还不够充分。相关部门对于西部民族地区现有的金融机构存量，应加以整合，对其在民族地区提供的金融服务予以考核，鼓励其扩大服务范围，尽可能多地惠及贫困群体，并积极承担其本应该承担的社会责任。

第二，有序增加小微金融的存量，充分发挥小微金融金融减贫的积极作用。微型金融在许多国家被证明是直接有效的减贫方式之一，尤其是在发挥脆弱性群体的自主性发展能力等方面作用十分突出。目前，村镇银行、小额贷款公司、资金互助社是我国草根金融、小微金融的主要形式，这些金融机构对于我国落后地区的减贫作用突出。相关部门应循序渐进地开放民族地区农村金融市场，为小微金融机构或组织的入驻开辟“绿色通道”，鼓励其因地制宜、接地气的金融产品创新，提高金融服务质量，为其更好地为贫困人口提供金融服务创造良好的外部条件。

第三，创新西部民族地区贫困脆弱者的担保方式。担保方式的创新可为贫困脆弱者群体获得信贷服务解除后顾之忧。针对西部民族地区而言，可探索大件耐用消费品、注册商标、农产品期货、订单质押等方式，重点解决民族地区贷款抵押担保物缺失的问题，并尝试建立联保机制，增强贫困脆弱性群体金融服务的可获得性。

第四，建立西部民族地区贫困脆弱性群体大数据信息。考虑到目前一些银行已建立了客户群信息库和个人征信系统，因此，对于西部民族地区来说，可以依托个体征信系统，联合工商、税务等部门，对脆弱性群体的生产、生活信息进行采集，利用互联网技术，建立各类型的大数据库，为各类金融机构的信贷服务提供高效的参考信息，从而降低其信息搜寻成本。

6.2.3 开拓农业保险市场，改善民族地区金融服务质量

第一，加快西部民族地区农业保险制度的建设步伐和农业保险保障体系的

完善。如可在《农业保险条例》的基础上尽快制定和完善农业保险法及其配套法规，明确我国以及各区域农业保险的性质、费率水平、经营范围、组织机构及运作方式，细化风险准备金的提留、监管责任以及财政补贴方式。各地可根据农业保险法的根本精神，出台因地制宜的地方性法规，进一步确定具体的操作办法，从而为农业保险经营范围提供法律依据，保障农业保险工作的健康运行。

第二，组建专门的农业保险公司，设立专业的农业风险管理机构。具体做法是逐步将农业保险与商业保险进行分离，组建专门的农业保险公司。西部民族地区各省（区）、市（州）、县应成立相应的农保公司，形成以国家农保公司政策调控为导向，以县、乡镇两级农业保险合作社为经营主体的组织体系，实现国家农业政策与贫困者根本利益的有机结合。同时，鼓励民间资本、战略投资者进入农业保险，形成多元化复合型农业保险机制，提高贫困脆弱性地区抵御风险的能力。此外，各地应设立专业的农业风险管理机构，该机构的主要任务是对农业灾害进行损失评估，对灾害的各项数据进行统计研究，从而为农业保险政策的制定提供实践依据。

第三，健全财政支持机制，充分调动西部民族地区农户投保的积极性。西部民族地区农牧民收入普遍较低，投保能力有限；同时，农业产业化程度低下，农业经营成本普遍较高，因此应加强对农牧民财政补贴，并根据遭灾情况减免其农业保险税费，减免的税费可由地方财政予以补贴。同时，西部民族地区政府应积极鼓励农牧民扩大农牧业生产规模，鼓励保险公司设立民族地区特色保险品种，强化对民族特色保险品种的财政补贴，并不断争取中央财政的支持。

第四，提升西部民族地区农业保险服务品质与绩效。一是政府应引导保险公司积极探索建立符合西部民族地区区情的激励考核机制，并在保险费用、保险人员任用、业务考核等方面对其予以适当倾斜，保护民族地区农村基层发展农业保险市场的积极性。二是保险公司应建立和完善符合民族地区市场特点、执行力强的客户回访制度，即在风险可控可管的前提下，从利于民族地区农牧民自身利益出发，逐步建立和完善客户回访制度，对回访的相关信息予以存档；同时，做好保险咨询服务工作，简化承保、理赔等程序，使民族地区农牧民能从内心深处切实感受到农业保险的优越性与必要性。三是农业保险公司应重点关注民族地区种养大户，兼顾分散个体。对农业专业化程度较高的地区，农业保险公司应鼓励其龙头企业和专业合作社参保；对种植经营分散的个体，农业保险公司应鼓励其组织以自然村为单位的参保。

6.2.4 增强贫困脆弱性地区教育扶智的金融支持力度，强化人力资本效应

在西部民族地区主要的14个少数民族中，约有回族、维吾尔族、哈萨克族等10个民族信奉伊斯兰教。一般来说，建立在宗教信仰基础之上的社会资本结构往往都具有对外封闭、对内开放的特点，因此，在西部民族地区治理贫困时，我们应对宗教这个重要的作用因子予以考虑。同时，金融对民族地区的扶持开发离不开西部民族地区群众观念的改变，而观念的改变首要步骤就是“扶智”。因此，加大金融对贫困脆弱性地区的教育扶智力度，强化人力资本效应，是西部民族地区实现稳定脱贫、抑制贫困脆弱性的必由之路。

第一，加大对义务教育、基础教育、职业教育的专项扶贫资金投入。各金融机构可根据地区实际，不断开发助学贷款等新产品，增加西部民族地区的扶贫资金投入，提高民族地区义务教育的教学质量，在尊重民风习俗、宗教文化的前提下，让更多的少数民族青少年能有机会接受现代文明的熏陶，有机地融合本民族文化与现代文明，拓宽民族地区经济社会发展的新思路、新视野。职业教育作为培养劳动者技能的重要方式，其对促进贫困者增收、增强人力资本具有举足轻重的作用。对西部民族地区而言，要拓展职业教育发展的融资模式，使其充分与贫困地区资源状况、产业结构与人口教育水平相结合，注重实效性和实用性。同时，西部民族贫困地区政府需加大与科研机构、科研院所的合作，将农业科技转化为切实的生产力。

第二，金融机构酌情制定民族教育贷款优惠政策。各商业银行可根据西部民族地区的族情，对该区的成人教育、高等教育、职业技能培训提供贷款优惠政策，如在一定的期限内免息，逾期以较低的利率回收贷款本金和利息，损失的部分由当地财政按照正常的利率核算予以补贴，以此促进民族地区教育的全面进步，让更多的青壮年通过教育“鱼跃龙门”，摆脱贫困。这样，一方面，这些青壮年学成以后可在外择业或积累创业经验和财富，通过寄钱回家乡的方式反哺当地经济社会发展；另一方面，他们也可结合民族地区的资源禀赋优势，选择自主创业，以产业扶贫的方式拉动当地经济发展，帮助更多的贫困者实现稳定脱贫。

6.2.5 提升民族地区医疗卫生行业的金融服务质量，降低因病致贫的脆弱性风险

加速西部民族地区医疗卫生事业的发展，对于增强脆弱性群体疾病抵御能力和防治能力意义重大，而医疗卫生事业的发展作为一项复杂的系统工程，需

要多方面的措施并举，而最为重要也是最为核心的问题就是资金投入的问题。除了传统意义上各级财政支出以外，商业性金融也可以与财政支出紧密配合，发挥二者合力加大对西部民族地区医疗卫生事业的金融支持。

第一，满足医院等机构的融资需求。医院对于民族地区城乡居民疾病防治的重要性毋庸赘述。一般而言，医院特别是大型综合医院负债率较低，现金收入稳定，自身资金积累功能较强且信用度较高。对于公立医院来说，建设、扩张资金缺口大部分应由财政解决，如果这些承建项目已被列入财政预算的话，那么资金到位也只是时间早迟的问题。为此，为解决医院项目建设的资金错配问题，可以实现对列入预算的基建项目采取商业贷款模式；同时，对于民族地区医院的小额流动资金需求，亦可采取银行信贷方式予以支持。

第二，多渠道参与医院、疾控中心等机构建设项目的融资。与高密度的人口相比，我国医疗卫生资源极为匮乏，而在西部民族地区则更为稀缺。如果对西部民族地区大型医院或疾控中心的建设项目进行了科学的可行性研究的话，其投资回报率一般是较为可观和安全的。随着我国医疗卫生体制改革的不断深入，多元投资参与医疗卫生设施项目建设已是“新常态”，银行等金融机构应根据民族地区实际情况参与多元投资的医院等机构建设项目的融资。

第三，增加民族地区基础金融服务供给，完善新农合、新农保的代理工作。西部民族地区农村金融服务空白长期存在，农村金融服务“最后一公里”问题较为严重。各民族地区农业银行可根据普惠金融的发展理念，与当地人社厅、商务厅、卫生厅及民政局进行合作，积极争取一些优惠力度较大的医疗保险代理项目，为民族地区群众医保提供金融便利服务；同时在优化实体网点布局的基础上，大力拓展互联网渠道、委托代销渠道，做好新农保、新农合的金融服务代理工作。农业银行等正规金融机构可采取试点，选择新农合指定医疗机构、乡村卫生室（所），着力以金融惠农卡等卡片为载体，以银行清算系统为平台，逐步建立和完善覆盖省（区）、市（州）、县、乡、村垂直一体化的医保惠农金融服务体系，强化民族地区医疗卫生事业的金融服务功能。

第四，鼓励民间资本参与西部民族地区民办医疗机构增量建设。公立医院数量有限，民办医疗机构增量建设是民族地区医疗卫生事业进一步发展的必然选择。因此，地方政府要综合运用财政、税收等手段，积极鼓励和支持民间资本参与发展医疗卫生事业，重点解决当前民营医院因资本投入不足而产生的设备不健全、竞争规模小、医疗设施落后等问题；同时，对支持符合医疗体制改革范围的民营医院贡献较大的银行、民营企业予以物质奖励，肯定其金融支持的力度。

6.2.6 挖掘生态文明建设的金融支持效应，提高贫困脆弱性地区承灾、抗灾能力

西部民族地区生态文明建设作为反贫困系统工程的重要一环，其对民族地区生态系统的修复与保护、环境污染的防治、生态资源的资本化建设有着极为重要的意义。充分发挥金融体系对生态文明建设的杠杆效应，使西部民族地区自然资本建设由“低水平失衡”到“高水平均衡”转变，有助于促进贫困者可持续性生计的建设。

依据西部各个民族地区的生态环境承载能力与我国主体生态功能区的定位，西部民族地区相关部门应强化生态敏感区与脆弱区的保护，加大对民族地区农牧区环境污染防治力度与生态补偿机制的完善程度。

第一，强化对生态敏感区与脆弱区的保护，在生态环境超负荷运转与自然环境极其恶劣的地区，宜实施生态移民工程，如宁夏南部山区的生态移民工程就比较具有代表性。生态移民工程涉及小额担保贷款、信贷风险补偿、移民农业生产技术的培训等一系列问题，金融支持的信贷投入必不可少。各辖区内金融机构根据自身特点，加快完善金融基础设施建设，创新金融产品与服务是生态文明建设的金融支持效应的践行路径。生态管理作为生态文明建设的重要保障，其对民族地区的生态修复至关重要。生态管理的主要内容包括对民族地区水资源开发的规范行为，对民族地区生态破坏调查、评估和监督等，这些都需要财政金融资源的强力支持。

第二，应加强金融对农业生产技术研发推广、环境污染防治力度的支持。在环境友好型农牧业生产模式导向下，西部民族地区应加大财政投入，优化种植业、养殖业、林牧业、渔业的生产技术体系，减缓生态环境恶化进程。

第三，有序推进西部民族地区资源资本化进程。美国西部开发时，把道路两旁的采矿权授予了铁路投资公司，这一做法取得了“一箭双雕”的良好绩效：一方面增加了基础设施建设投入，另一方面也有力地促进了交通道路等基础设施的改善。西部民族地区许多地区资源丰腴，有着极为丰富的矿产资源、水能资源、旅游资源等，但这些地区一般面临资本稀缺、交通不便、基础设施落后的困境，为有效解决民族地区“资源富，民众穷”的发展难题，可参考美国西部开发的经验做法，对矿产、森林、风能、水能等资源的开发采用BOT

等模式[①]，成功借助外力，破解民族地区基础设施落后的发展难题。

第四，完善生态补偿机制。生态补偿机制符合经济学与伦理学的公平原则，近些年发展得较为迅速。西部民族地区应充分借助这一机制，带动地方产业升级与贫困者脱贫奔小康。具体到民族地区而言，政府可制定合理的公益林、退耕还林还草等补偿标准，加大对流域生态补偿力度，使得民族地区贫困家庭不因补偿标准过低而陷入生计资本匮乏的尴尬境地。

推进自然环境资源资本化进程，促进民族地区基础设施建设与贫困者生产生活条件的改善，有助于实现贫困地区贫困群体早日稳定脱贫和增收。

---

① BOT是"build-operate-transfer"的缩写，意为"建设—经营—转让". BOT模式是私营企业参与基础设施建设，向社会提供公共服务的一种方式.

7 主要结论与未来研究展望

7.1 主要结论

当前，西部民族地区贫困脆弱性特征集中表现为贫困程度深，政治敏感度高，文化、宗教等非经济因素影响显著，人口较少民族深度贫困问题复杂严峻等。究其原因，从经济系统看，经济结构单一、经济基础薄弱，国家扶贫政策偏差及贫困群体本身经济意识与风险意识匮乏是贫困脆弱性经济系统的主要原因所在；从社会系统看，人力资源薄弱，受因教、因病致贫、返贫等因素影响显著，加剧了贫困的脆弱性；从生态系统看，自然条件恶劣、自然灾害频发不仅直接制约了农业生产和农牧民增收，还不断打击了贫困地区民众的脱贫自信心。

按照贫困脆弱性的分析框架，脆弱性需要生计资本进行防御或平滑。而自然资本、物质资本、人力资本、金融资本与社会、民族文化资本共同构成了贫困群体的生计资本。总体来看，民族地区内部自然资本、物质资本差异较大，但住房与家庭耐用消费品等物质资本条件正在不断改善。从人力资本来看，西部民族地区少数民族群众受教育程度普遍偏低，缺乏生存所依赖的劳动技能，同时，地方病的流行使得这一地区“因病致病”“因病返贫”现象极为突出。从金融资本来看，长期以来，西部民族地区经济发展落后，财政状况欠佳，捉襟见肘时为常态，地方财政难以对民族地区农村进行大规模资金投入，民族地区农村正规金融发展裹足不前，“失血”现象较为普遍，贫困人群资金来源渠道更为狭窄，金融资本状况不良。与此同时，西部民族地区社会资本较为薄弱，而民族文化资本较为丰厚，开发潜力巨大。

在考察了西部民族地区民众的生计资本的基础上，本研究尝试了对这一区域的脆弱性程度进行测度。从结构来看，西部民族地区内部差异程度较为显著，测度数值分布呈现“两头大、中间小”的脆弱性格局，在所选的49个民族自治州、自治县及地级市样本中，有20个为低脆弱性，而高脆弱性个数高达18个，二者占了所选样本总数的77.6%。这也表明西部民族地区内部脆弱性差异呈现出了两极分化的态势，“马太效应”明显。此外，在高脆弱度行列中，呈现出明显的地域性特征，省域内地区脆弱性程度较为接近，符合各成员单位经济社会发展整体水平。

从西部民族地区贫困脆弱性金融治理现状来看，财政发挥出了不可替代的作用。在扶贫实践中，各地扶贫资金总量呈逐年递增态势，财政专项扶贫资金在民族地区扶贫进程中的“供血”“输血”主导作用十分突出，并且日趋关注贫困脆弱性产生的根源及机理，更强调以增强内生发展的手段抑制脆弱性，从根本上防止贫困的反复循环。从商业性正规金融治理现状来看，近年来，随着国有商业银行的股份制改革及一系列信贷政策调整，金融机构“惧贷”“惜贷”现象较为普遍，西部少数民族地区获得经济发展所需资金的难度日益加大。从西部个别民族地区扶贫实践来看，农村信用社在民族地区金融减贫，缓解、抑制贫困脆弱性方面的作用较为突出。非正规金融、小微金融作为内生于民族地区经济社会的特殊金融，具有灵活、快捷以及手续简便等优点，其对促进民族地区中小企业和经济社会发展的重要性不言而喻，已成为西部民族地区增强脆弱性群体的自我发展能力、抑制其脆弱性特质的重要金融形式。

本书重点探讨了西部民族地区贫困脆弱性的金融治理绩效问题。从实证结果来看，财政、人均贷款、保险对贫困脆弱性均具有一定的减缓及治理作用。一般来说，财政支出越充分，支出结构越合理，贫困地区的基础设施及公共服务的改善程度就越大，越有助于民族地区贫困群体增收和脱贫致富，越有利于减轻其与生俱来的脆弱性程度。同样，民族地区金融机构所提供的金融产品或金融服务带来的“涓滴效应”可以惠及贫困群体，培养其自我“造血”和自我发展的能力，同时以扶贫项目为载体，提高了其参与市场竞争的意识和能力，助其洞悉市场经济的力量和优胜劣汰的市场规则，从而有助于抑制其身上的脆弱性属性。保险业的发展对于西部民族地区贫困脆弱性的治理作用不可忽视。实证结果表明了保险业对民族地区农业生产活动及市场价格波动风险的防御、疾病抗御、自然灾害的防御都具有不可替代的关键作用，保险对于民族地区的经济社会保障功能越来越突出，但目前西部民族地区保险业的供给与需求结构还不匹配，供需结构失衡现象严重，因此，未来西部民族地区保险业发展还需加速。

在社会影响因素作用方面，人力资本对于西部民族地区稳定脱贫、抑制脆弱性具有决定性作用，但人力资本并不是直接作用于贫困治理的，而是通过人力资本价值的提升促进经济活动效率的提高和社会综合效益的提升继而间接实现的。医疗卫生健康事业的发展为民族地区贫困脆弱性的治理做出了重要贡献。随着近年来国家对偏远地区、少数民族地区的财政金融政策的倾斜和投入力度的加大，西部民族地区医疗卫生条件有了可观的改善，而这为保障民族地区城乡居民身体健康、身心愉悦奠定了坚实的生计基础。长期以来，西部民族地区自然灾害较为频繁，自然灾害对民族地区的经济社会发展造成了极为恶劣的不良影响，同时又具有不可抗拒性，但随着生态文明建设在国家和地区经济社会发展中的重要性越来越突出，生态环境的保护、自然生态管理创新以及自然生态系统的修复、资源合理资本化越来越成为当前西部民族地区抑制脆弱性的重要举措。

要更好地提升贫困脆弱性金融治理的绩效，需明确金融治理的基本原则及各类型减贫金融的作用机制。本书结合西部民族地区实际，提出了民族地区贫困脆弱性治理的四个原则，即政策性投入与商业性投入相结合、信贷政策统一性与差别化相结合、金融支持与风险防范相结合、自我发展能力增强与贫困脆弱性消减相结合的原则。这四大原则尽管其表现形式和作用机理不尽一致，但本质都在于更好地遏制贫困群体的脆弱性属性，提升西部民族地区金融减贫绩效，完善金融减贫体系与整个反贫困制度安排。

不同类型金融的贫困脆弱性治理机制也不相同。概括而言，政策性金融主要是通过融资推动项目建设，通过市场机制作用或中介实现政府的既定发展目标，如改善民生、推动区域经济发展、扶贫等或者形成政府组织协调功能与融资担保功能的叠加，促进市场机制的健全及地区区域经济的发展，间接地带动地区减贫和致富。商业性金融减贫机制主要体现在直接和间接地参与扶贫活动，间接参与主要表现在增加对民族偏远地区基础设施改善项目、现代农业的批量贷款来参与金融扶贫开发，直接参与主要表现在设立分支机构，直接参与贫困地区金融开发活动。合作性金融减贫机制主要体现在贫困农户、小微企业向农村合作金融机构融资过程中的参与、贫困瞄准和金融生态优化以及更有效率地助推贫困农户摆脱“贫困陷阱”并抑制脆弱性特质。而以小额信贷为代表的小微金融减贫机制主要体现为金融支持对贫困群体的“涓滴效应”和直接金融服务。

在新的历史时期，我国西部民族地区贫困形态与减贫战略均已发生了显著变化，以贫困脆弱性为核心特征的贫困治理已刻不容缓。金融治理作为被许多国际或地区证明的最为有效的主动出击、增强贫困脆弱性群体自我发展能力的减贫手段之一，其基本理念与作用机理在于为贫困脆弱性群体提供信贷资金的可得性以及由此延伸而来的基础设施改善、市场竞争意识、人力资本的培育，从而使得贫困脆弱性群体的收入增加，防范和抵御各种外部负向冲击的生计资本得以夯实以及风险的平滑能力得以增强。

在实证金融治理的绩效及明确各类金融治理机制之后，本书提出了相应的政策启示及对策建议。

启示一是应理性认识贫困脆弱性金融治理的作用。作为抑制、消除贫困脆弱性风险的重要手段，财政、金融在贫困脆弱性综合治理之中的作用显而易见，但需指出的是，财政、金融手段并非万能，它也需要同其他减贫资源、社会力量、经济政策、经济环境等进行配套才能发挥更好的效益。因此，对贫困脆弱性的金融缓解治理作用应有理性的认识，既不夸大，也不贬低。启示二是需科学识别贫困脆弱性金融治理的目标群体。一般而言，财政减贫的主要对象是绝对贫困人口，而金融减贫的主要对象则是以相对贫困人口为主。因此，财政、金融扶贫侧重点有所不同，在减贫活动进行之前应有效识别目标群体，针对不同的金融需求采取不同的财政、金融供给形式，从而实现金融扶贫的最大效应。启示三是通过上游干预，构筑贫困脆弱性消减的金融支持体系。具体来说，针对西部民族地区尤其是农村地区的贫困和贫困人口的脆弱性特征，逐步构建一个由普遍医疗保险制度、普惠型福利、选择性社会救助以及就业机会政策组成的“四驾马车”框架，合力发挥脆弱性的上游干预作用。启示四是构建扶贫、扶智、扶志三位一体的贫困脆弱性金融治理的金融减贫格局。对于广大的西部民族地区而言，扶贫不仅仅是针对贫困本身，增加贫困群体的经济性收入，更是建立起人力资本雄厚、市场竞争意识强烈、市场信息掌握充分的扶贫、扶智、扶志三位一体的贫困脆弱性治理减贫格局。

相关对策建议：完善财政扶贫机制，将财政支出投向与贫困脆弱性的抑制机理紧密结合，对症下药；因地制宜构建民族地区普惠金融体系，扩散对脆弱性群体金融服务的“涓滴效应”；开拓农业保险市场，改善农村金融服务；增强贫困脆弱性地区教育扶智的金融支持力度，强化人力资本效应；提升西部民族地区医疗卫生事业的金融服务质量，降低因灾致贫的脆弱性风险；挖掘生态文明建设的金融支持效应，提高贫困脆弱性地区承灾、抗灾能力。

7.2 未来研究展望

第一，深化贫困脆弱性的测度研究。本书以西部民族地区为样本，在借鉴前人研究成果的基础上，尝试了对这一特殊区域贫困脆弱性进行测度，并初步测度出了各地区的脆弱性程度，测度所依据的主要变量是农牧民人均纯收入，而这本身具有明显的局限性。关于这一问题，下一步深化的重点将是将其他影响人均收入的指标如社会资本、自然资本、物质资本纳入评价体系，运用聚类分析或因子分析等方法进行关键因子的提取，明确影响脆弱性最突出的因子是什么，深入探讨各地区或区域内部脆弱性致因以及差异性。

第二，丰富贫困脆弱性金融治理的内涵。本书所构建的贫困脆弱性金融治理变量分别为财政一般预算支出、人均贷款额、保险密度，暂未分析资本市场对贫困脆弱性治理的影响。原因一在于我国的金融发展是银行导向型的，从我国金融减贫历程上看，主要是以金融中介作用为主。原因二在于我国西部民族地区资本市场发展水平较低，其对于贫困及脆弱性的治理作用还较为有限。随着我国金融发展的不断深化，资本市场的作用将越来越突出，西部民族地区也不例外，因此，可将其作为未来研究方向之一。另外，社会资本也是近年来学界聚焦的一个热点问题。在当代中国农村尤其是民族地区农村，亲朋好友间的经济往来十分频繁，以礼金与借款为主要形式的社会资本额度与流动频度直接决定了亲友间的亲疏程度与人情“面子”大小，社会资本正日益成为民族地区农村在应对自然灾害、疾病等脆弱性风险时的一个极为重要的平滑手段（马光荣，杨恩艳，2011）。本书在变量的选取过程中，考虑到社会资本的评价难度，暂未将其纳入减贫的作用因子，而下一步可以就这一问题展开深入研究。此外，在保险方面，本书只是暂时探讨了保险密度对贫困脆弱性治理的影响，而暂未考虑保险深度对其的影响，这也将是下一步研究的方向。

第三，微观领域贫困脆弱性金融治理的实证研究检验。贫困的脆弱性是一个动态的概念，也是实证研究领域的一个难点，用何种指标来衡量脆弱性并作为被解释变量值得探究。对于贫困脆弱性的金融治理问题，本书是以西部民族地区的居民人均纯收入作为脆弱性的近似替代变量，继而构建模型进行初步的解释，样本数据均来自相关统计年鉴。尽管如此，样本数量仍较有限。未来可通过微观调研，搜集一手面板数据，设计诸如家庭获得贷款频率、脆弱性群体对金融服务减贫的了解程度、意外冲击的影响等变量，从微观的角度分析贫困脆弱性减缓及治理的金融服务机制。另外，小企业融资与贫困脆弱性治理的关系，以及正规金融与非正规金融对贫困脆弱性减缓及治理的差异，也是值得深入探讨的领域。

总之，贫困脆弱性金融治理相关研究是一个很大的课题，还有许多相关的问题值得我们去研究。贫困脆弱性的缓解及治理是新的历史时期“中国梦”

圆和全面建设小康社会的重要方面，而金融发展对于贫困脆弱性的治理作用不可忽视。期待本书的研究能为我国金融减贫相关理论的丰富和政策的制定提供参考与借鉴。

参考文献

[1] AGHION P, BOLTON P. A Trickle down Theory of Growth and Development [J]. The Review of Economic Studies, 1997, 64 (2): 151-172.

[2] AKHTER S, LIU Y, DALY K. Cross Country Evidence on the Linkages between Financial Development and Poverty [J]. International Journal of Business and Management, 2010, 5 (1): 3-19.

[3] ALESINA A, RODRIK D. Distributive Politics and Economic Growth [J]. Quarterly Journal of Economics, 1994 (4): 465-490.

[4] ANG J B. Finance and Inequality: The Case of India [J]. Southern Economic Journal, 2010, 76: 738-761.

[5] ARESTIS P, CANER A. Financial Liberalization and Poverty: Channels of Influence [J]. Economics Working Paper Archive, 2004.

[6] ARTURO G, MARGARET M. Can Credit Registries Reduce Credit Constraints? Empirical Evidence on the Role of Credit Registries in Firm Investment Decisions [R]. Washington, DC: The Inter-American, 2001.

[7] BANERJEE A V, NEWMAN A R. Occupational Choice and the Process of Development [J]. Journal of Political Economy, 1993: 274-298.

[8] BARR M S. Microfinance and Financial Development [J]. Michigan Journal of International Law, 2005, 26: 271-296.

[9] BAULCH B, MCCULLOCH N. Being Poor and Becoming Poor: Poverty Status and Poverty Transitions in Rural Pakistan [J]. Journal of Asian and African Studies, 2002, 137 (12): 168-185.

[10] BECK T, DEMIRGUC-KUNT A, LEVINE R. Finance, Inequality and the Poor [J]. Journal of Economic Growth, 2007, 12: 27-49.

[11] BECK T, DEMIRGUC-KUNT A, LEVINE R. Finance, Inequality, and Poverty: Cross-Country Evidence [J]. Journal of Economic Growth, 2005, 10

(3): 199-229.

[12] BIGSTEN A, LEVIN J. Growth, Income Distribution, and Poverty: A Review [J]. Working Papers in Economics, 2000: 251-284.

[13] BITTENCOURT M M. Financial Development and Inequality: Brazil. 1985-1994 [J]. Economic Change and Restructuring, 2010, 43 (2): 113-130.

[14] BURGESS R, PANDE R. Do Rural Banks Matter? Evidence from the Indian Social Banking Experiment [J]. CMPO Working Paper Series, 2003, 4: 104.

[15] CANAVIRE B, GUSTAVO J, RIOJA F. Financial Development and the Distribution of Income in Latin America and the Caribbean [J]. IZA Discussion Paper, 2008.

[16] CHAKRABORTY S, RAY T. The Development and Structure of Financial Systems [J]. Journal of Economic Dynamics & Control, 2007, 31: 2920-2956.

[17] CLAESSENS S, FEYEN E. Financial Sector Development and the Millennium Development Goals [J]. World Bank Publications, 2006.

[18] CLARKE G, XU L C, ZOU H F. Finance and Income Inequality: Test of Alternative Theories [J]. Policy Research Working Paper, 2003, 72 (3): 578-596.

[19] DOLLAR D, KRAAY A. Growth is Good for the Poor [J]. Journal of Economic Growth, 2002, 7 (3): 195-225.

[20] GREENWOOD J, JOVANOVIC B. Financial Development, Growth and the Distribution of Income [J]. Journal of Political Economy, 1990, 85 (5): 1076-1107.

[21] HABER S. Political Institutions and Financial Development: Evidence from the Economic Histories of Mexico and the United States [J]. American Journal of Rhinology, 2004, 18 (1): 29-33.

[22] HO S Y, ODHIAMBO N M. Finance and Poverty Reduction in China: An Empirical Investigation [J]. International Business & Economics Research Journal, 2011, 10 (8): 103-114.

[23] HOLDEN P, PROKOPENKO V. Financial Development and Poverty Alleviation: Issues and Policy Implications for Developing and Transition Countries [J]. IMF Working Papers, 2001, 01 (160): 1-39.

[24] HONOHAN P. Financial Sector Policy and the Poor [J]. World Bank Working Paper, 2004: 43.

[25] HONOHAN P. Measuring Microfinance Access: Building on Existing Cross Country Data [R]. World Bank Policy Research Working Paper, 2005: 3606.

[26] JALAN J, RAVALLION M. Transient Poverty in Post-reform Rural China [J]. Journal of Comparative Economics, 2000, 26: 337-358.

[27] JALILIAN H, KIRKPATRICK C. Does Financial Development Contribute to Poverty Reduction? [J]. Journal of Development Studies, 2005, 41 (4): 636-656.

[28] JALILIAN H, KIRKPATRICK C. Financial Development and Poverty Reduction in Developing Countries [J]. International Journal of Finance and Economics, 2002, 7 (2): 97-108.

[29] JEANNENEY G S, KPODAR K. Financial Development, Financial Instability and Poverty: A Novel Appraisal in the Presence of Structural Changes [R/OL]. (2014-12-05) [2017-11-20]. https://papers.ssrn.com/sol3/papers.cfm?abstract_id=2533564.

[30] JEANNENEY G S, KPODAR K. Financial Development and Poverty Reduction: Can There be a Benefit without a Cost? [J]. IMF Working Papers, 2008.

[31] JIANG S, YAN Y A. Study on Effectiveness of Civilian Credit in Anti-poverty in China Rural Area [J]. Journal of Finance and Economics, 2006, 10: 4-16.

[32] K HL. Disaggregating Household Vulnerability-analyzing Fluctuations in Consumption Using a Simulation Approach [R]. Copenhagen: Institute of Economics, University of Copenhagen, 2003.

[33] KRAAY A. When is Growth Pro Poor? Evidence from a Panel of Countries [J]. Journal of Development Economics, 2006, 80: 198-227.

[34] KUTZNETS S. Economic Growth and Income Inequality [J]. American Economic Review, 1955, 45: 1-28.

[35] LEDGERWOOD J, BANK W. Microfinance Handbook: An Institutional and Financial Perspective [J]. Ibero-americana, 1998, 31.

[36] LLOYD-ELLIS H, BERNHARDT D. Enterprise, Inequality and Economic Development [J]. Review of Economic Studies, 2000, 67: 147-168.

[37] MATIN I, HULME D, RUTHERFORD S. Financial Services for the Poor and Poorest: Deepening Understanding to Improve Provision [R]. Manchester: Institute for Development Policy and Management, University of Manchester, 1999, 9.

[38] ODHIAMBO N M. Finance-growth-poverty Nexus in South Africa: A Dynamic Causality Linkage [J]. The Journal of Socio-Economics, 2009, 38: 320-325.

[39] ODHIAMBO N M. Financial Deepening and Poverty Reduction in Zambia: An Empirical Investigation [J]. International Journal of Social Economics, 2010, 37: 41-53.

[40] PARK A, REN C, WANG S. Micro-finance, Poverty Alleviation, and Financial Reform in China [J]. Rural Finance & Credit Infrastructure in China, 2004.

[41] PORTER M E. The Competitive Advantage of the Inner City [J]. Long Range Planning, 1995, 28 (3): 132.

[42] QUARTEY P. Financial Sector Development, Savings Mobilization and Poverty Reduction in Ghana [M] // Financial Development, Institutions, Growth and Poverty Reduction. Palgrave Macmillan UK, 2005.

[43] RAJAN R, ZINGALES L. Saving Capitalism from the Capitalists : Unleashing the Power of Financial Markets to Create Wealth and Spread Opportunity [J]. Journal of Politics, 2003, 67 (3): 937-939.

[44] RAVALLION M, CHEN S. China's (uneven) Progress against Poverty [J]. Journal of Development Economics, 2004, 82: 1-42.

[45] RAVALLION M. Growth, Inequality and Poverty: Looking Beyond Averages [J]. World Development, 2001, 29: 1803-1815.

[46] RUTHERFORD S. The Savings of the Poor: Improving Financial Services in Bangladesh [J]. Journal of International Development, 1998, 10 (1): 1-15.

[47] SON H H. A Note on Pro-poor Growth [J]. Economic Letters, 2004, 82: 307-314.

[48] SUSAN C. The Use of Debt by Black-owned Finns: Recent Evidence from the 2003 Survey of Small Business Finaaces [J]. Journal of Developmental Entrepreneurship, 2008, 13 (1): 39-57.

[49] TODARO M P. Economic Development [M]. Boston: Addison Wesley, 1997.

[50] TOWNSEND R M, Ueda K. Financial Deepening, Inequality, and Growth: A Model-based Quantitative Valuation [J]. IMF Working Papers, 2003, 193.

[51] ZHANG Y, WAN G H. Can We Predict Vulnerability to Poverty? [J]. Oxford Development Studies, 2009, 37 (3).

[52] 曹廷贵. 我国金融改革理念与方式的误区 [J]. 财经科学, 2005 (3): 20-25.

[53] 常艳华. 金融支持武陵山片区扶贫开发的调查与思考 [J]. 金融经济, 2013 (4): 22.

[54] 陈传波. 农户风险与脆弱性: 一个分析框架及贫困地区的经验 [J]. 农业经济问题, 2005 (8): 47-48.

[55] 陈贻娟, 李兴绪. 风险冲击与贫困脆弱性——来自云南红河哈尼族彝族自治州农户的证据 [J]. 思想战线, 2011 (3): 85-86.

[56] 陈元. 开发性金融与中国城市化发展 [J]. 经济研究, 2010 (7): 4-14.

[57] 储灏, 等. 西部少数民族地区村卫生室卫生服务能力现状研究 [J]. 现代预防医学, 2013 (7): 1273.

[58] 崔艳娟, 孙刚. 金融发展是贫困减缓的原因吗? ——来自中国的证据 [J]. 金融研究, 2012 (11): 116-127.

[59] 崔艳娟. 我国金融发展对贫困减缓的影响: 理论与实证 [D]. 大连: 东北财经大学, 2012.

[60] 丁汝俊, 焦晓玲. 西北少数民族地区扶贫开发的金融支撑问题 [J]. 宁夏大学学报, 2014 (2): 133-135.

[61] 丁志勇. 欠发达民族地区金融支持研究——基于南疆三地州金融结构比较分析 [J]. 学术论坛, 2010 (10): 159.

[62] 董加相. 普惠金融视角下的边疆少数民族地区农村金融扶贫效率分析及政策建议——以西双版纳傣族自治州为例 [J]. 时代金融, 2014 (10): 70.

[63] 方迎风. 冲击、"能力" 投资与贫困脆弱性 [J]. 中国地质大学学报 (人文社科版), 2014 (2): 103-105.

[64] 高铁梅. 计量经济分析方法与建模 [M]. 北京: 清华大学出版社, 2009.

[65] 葛珺沂. 西部少数民族地区贫困脆弱性研究 [J]. 经济问题探索, 2013 (8): 163-164.

[66] 郭劲光. 脆弱性贫困问题反思、测度与拓展 [M]. 北京: 中国社会科学出版社, 2011.

[67] 韩峥. 脆弱性与农村贫困 [J]. 农业经济问题，2004 (10)：10-11.

[68] 贺祥，熊康宁. 基于熵权灰色关联法的贵州岩溶山区农村贫困脆弱性分析 [J]. 江苏农业科学，2014 (3)：377-378.

[69] 洪兴建，邓倩. 中国农村贫困的动态研究 [J]. 统计研究，2013 (5)：25-26.

[70] 胡永和，蒋永穆. 基于脆弱性上升的中国城镇贫困现象解析 [J]. 经济体制改革，2009 (4)：42-44.

[71] 黄承伟，王小林，徐丽萍. 贫困脆弱性：概念框架和测量方法 [J]. 农业技术经济，2010 (8)：4-6.

[72] 姜江，马建勇，许吟隆. 农业灾害脆弱性与农村贫困灰色关联分析——以宁夏地区为例 [J]. 安徽农业科学，2012 (9)：5308-5309.

[73] 解垩. 医疗保险与城乡反贫困：1989—2006 [J]. 财经研究，2008 (12)：68-83.

[74] 鞠国华. 贫困地区农民的“炕头金融” [J]. 新长征，2013 (5)：60.

[75] 蓝红星. 民族地区慢性贫困问题研究——基于四川大小凉山彝区的实证分析 [J]. 软科学，2013，27 (6)：73-78.

[76] 黎宇，朱燕宇，农丽娜. 对西部欠发达地区农业保险发展情况调查与思考 [J]. 区域金融研究，2010 (1)：43-44.

[77] 李朝林. 注重人力资本投资是新时期反贫困的关键 [J]. 技术经济，2005 (9)：50-52.

[78] 李吉和，范才成. 论少数民族流动人口与民族交融——基于中、东部地区穆斯林群体的研究 [J]. 中南民族大学学报（人文社会科学版），2012 (5)：26-30.

[79] 李丽，白雪梅. 我国城乡居民家庭贫困脆弱性的测度与分解——基于CHNS微观数据的实证研究 [J]. 数量经济技术经济研究，2010 (8)：63-65.

[80] 李留宇，范小建. 用金融手段解决贫困问题 [J]. 国际融资，2013 (11)：34.

[81] 李明昌. 贫弱地区农村金融制度绩效研究——甘孜州案例分析 [J]. 金融研究，2006 (9)：15.

[82] 李卿. 四省藏区金融扶贫调查 [J]. 青海金融，2014 (10)：36-37.

[83] 李荣. 甘肃省农村金融发展对农村贫困减缓的影响研究 [D]. 兰州：兰州财经大学，2014.

[84] 李文瑞. 金融扶贫的模式与成效——以甘肃为例 [J]. 中国金融, 2012 (16): 47-48.

[85] 李晓红. 社会资本的当下功用与政府反贫困前瞻问题 [J]. 改革, 2012 (2): 67.

[86] 李雪萍. 反脆弱性发展: 突破发展陷阱的路径——基于西藏城镇社区发展的实证调查与理论分析 [J]. 华中师范大学学报, 2013 (2): 18.

[87] 李长健, 朱维维. 我国农产品期货市场的现状及展望 [J]. 天水行政学院学报, 2013 (3): 65-66.

[88] 梁平. 西部民族地区农村经济的特点与金融支持 [J]. 农村经济, 2005 (9): 65.

[89] 林伯强. 中国的经济增长、贫困减少与政策选择 [J]. 经济研究, 2003 (12): 15-25.

[90] 林洪涛, 孙浩进. 黑龙江省农村贫困地区农民的脆弱性风险及对策 [J]. 东北农业大学学报 (社会科学版), 2006 (1): 18-20.

[91] 林建, 廖杉杉. 民族地区财政金融政策的反贫困效应研究 [J]. 中国人口资源与环境, 2014 (9): 110.

[92] 刘博. 论中国少数民族地区金融支持政策的适配与选择 [D]. 成都: 西南财经大学, 2013.

[93] 刘茂盛. 我国农民人均收入和人均贷款的实证分析 [J]. 西南金融, 2009 (7): 39.

[94] 陆静. 金融发展与经济增长关系的理论与实证研究——基于中国省际面板数据的协整分析 [J]. 中国管理科学, 2012 (2): 177-184.

[95] 木晓琳. 迪庆藏区金融支持扶贫开发效率分析 [J]. 时代金融, 2013 (10): 327-328.

[96] 潘泽江. 中国特困民族地区农户脆弱性问题研究 [M]. 北京: 科学出版社, 2013.

[97] 潘泽江. 湘粤桂边瑶区农户的贫困脆弱性: 测度与治理 [J]. 城市发展研究, 2012 (2): 88-89.

[98] 秦建军, 戎爱萍. 财政支出结构对农村相对贫困的影响分析 [J]. 经济问题, 2012 (11): 95-98.

[99] 孙颖, 林万龙. 收入水平、市场条件对中国农村家庭营养脆弱性的影响——基于中国健康与营养调查微观数据的实证分析 [J]. 劳动经济研究, 2014 (3): 143-144.

[100] 万广华，刘飞，章元. 资产视角下的贫困脆弱性分解：基于中国农户面板数据的经验分析 [J]. 中国农村经济，2014 (4)：4-6.

[101] 万广华，章元，史清华. 如何更准确地预测贫困脆弱性：基于中国农户面板数据的比较研究 [J]. 农业技术经济，2011 (9)：13-15.

[102] 万广华，章元. 我们能够在多大程度上准确预测贫困脆弱性？[J]. 数量经济技术经济研究，2009 (6)：140.

[103] 汪三贵，殷浩栋. 资产与长期贫困——基于面板数据的 2SLS 估计 [J]. 贵州社会科学，2013 (9)：50-58.

[104] 王春桥. 金融支持乌蒙山片区脱贫致富的思考 [J]. 时代金融，2013 (1)：145.

[105] 王洪涛. 中国西部地区农村反贫困问题研究 [D]. 北京：中央民族大学，2013.

[106] 王竟宇，王莹春. 金融支持医疗体制改革的做法、难点及建议 [J]. 内蒙古金融研究，2012 (4)：36.

[107] 王磊，黄云生. 农村经济脆弱性的特征分解及演化——以西部地区为例 [J]. 农村经济，2014 (12)：39-40.

[108] 王曙光，王东宾. 金融减贫——中国农村微型金融发展的掌政模式 [M]. 北京：中国发展出版社，2012.

[109] 王晓东，等. 金融支持新疆南疆三地州加快扶贫开发的调查与思考 [J]. 金融发展评论，2013 (8)：94-95.

[110] 王修华，邱兆祥. 农村金融发展对城乡收入差距的影响机理与实证研究 [J]. 经济学动态，2011 (2)：71-75.

[111] 魏后凯，郎晓霞. 中国的反贫困政策：评价与展望 [J]. 上海行政学院学报，2009 (3)：56-68.

[112] 魏艳. 西部少数民族地区"造血式"扶贫开发问题探讨——以贵州省威宁彝族回族苗族自治县为例 [J]. 改革与开放，2014 (15)：66-67.

[113] 温军. 民族与发展：新的现代化追赶战略 [M]. 北京：清华大学出版社，2004.

[114] 巫志斌，司春风，黄泽夏. 广西集中连片特困地区金融扶贫机制研究 [J]. 区域金融研究，2013 (9)：53.

[115] 吴海涛，王娟，丁士军. 贫困山区少数民族农户生计模式动态演变——以滇西南为例 [J]. 中南民族大学学报（人文社科版），2015 (1)：120-121.

[116] 伍艳. 贫困地区农户的民生脆弱性：现状与效应——以四川省重点贫困县为例 [J]. 农村经济，2012 (10)：78.

[117] 谢顺利，周翼璇. 我国农村金融发展对居民消费影响的研究 [J]. 消费经济，2014 (1)：29.

[118] 熊娜，陈池波. 农村金融治理农户脆弱性贫困实证研究 [J]. 武汉金融，2013 (2)：45.

[119] 徐志明. 脆弱性与贫困：江苏李庄村实证分析 [J]. 现代经济探讨，2009 (7)：44-45.

[120] 薛书明，等. 新时期临夏州金融扶贫开发路径探索 [J]. 甘肃金融，2014 (8)：44-45.

[121] 晏海运. 中国普惠金融发展研究 [D]. 北京：中共中央党校，2013.

[122] 杨进，郭晓军. 四川民族地区人力资本与经济发展实证关系研究 [J]. 贵州民族研究，2013 (6)：160-162.

[123] 杨文. 社会资本能够降低中国农村家庭脆弱性吗 [J]. 贵州财经学院学报，2012 (2)：35.

[124] 杨志强. 我国武陵山区金融扶贫机制探索——以贵州武陵山区为例 [J]. 南京航空航天大学学报（社会科学版），2012 (3)：44.

[125] 余艾力. 微型金融扶贫之龙头企业带动模式探索——中国云南省贫困地区为例 [J]. 云南社会主义学院学报，2011 (1)：71-72.

[126] 张虎，孔荣. 福建省农户农业保险市场需求强度研究——基于龙岩市、漳州龙海市 795 个样本的调研 [J]. 广东农业科学，2013 (8)：225.

[127] 张慧. 基于反贫困的农村金融研究 [D]. 镇江：江苏科技大学，2012.

[128] 张家寿. 加快民族地区经济社会发展的金融支持体系研究 [M]. 北京：人民出版社，2010.

[129] 张建华，等. 贫困测度与政策评估：基于中国转型时期城镇贫困问题的研究 [M]. 北京：人民出版社，2010.

[130] 张希钦. 欠发达少数民族地区农村金融发展与创新研究 [J]. 西部金融，2010 (12)：44-45.

[131] 张晓玮. 前行中的农村金融扶贫 [N]. 农村金融时报，2013-10-21.

[132] 赵培红. 民族地区农村贫困的脆弱性分析及其治理 [D]. 北京：

中央民族大学，2009.

[133] 赵曦. 中国西部农村反贫困模式研究 [M]. 北京：商务印书馆，2009.

[134] 赵晓明. 完善财政扶贫机制，开创云南扶贫新格局 [J]. 中国农业会计，2013 (12)：22.

[135] 赵晓蓉. 金融扶贫在青海省海东市的探索和实践 [J]. 青海金融，2014 (9)：37.

[136] 赵宇. 我国民族地区农村金融风险防范与控制机制研究 [D]. 北京：中央民族大学，2013.

[137] 祝汉顺. 西部民族地区扶贫模式案例研究 [D]. 成都：西南交通大学，2013.

[138] 邹薇，方迎风. 健康冲击、"能力"投资与贫困脆弱性：基于中国数据的实证分析 [J]. 社会科学研究，2013 (4)：1-3.

[139] 左停，等. 贫困农户的脆弱性与小额信贷的风险缓解作用 [J]. 农村经济，2007 (12)：53-55.